DORLING KINDERSLEY
London, New York, Melbourne, München und Delhi

Projektbetreuung	Ankush Saikia
Redaktion	Aakriti Singhal, Pankhoori Sinha
Cheflektorat	Claire Nottage, Shaila Brown
Weblink-Betreuung	Steven Carton, Niki Foreman, Roger Brownlie
Cheflektorat	Linda Esposito
Projektleitung	Andrew Macintyre, Laura Buller
Fachliche Beratung	Prof. Dorrik Stow, Universität Southampton
Grafik	Shefali Upadhyay
Bildbetreuung	Kavita Dutta
Gestaltung	Mahua Mandal, Neerja Rawat

Bildredaktion	Jacqui Swan
Chefbildlektorat	Diane Thistlethwaite
DTP-Koordination	Sunil Sharma
DTP-Design	Harish Aggarwal
Bildrecherche	Kate Lockley
Bildarchiv	Rose Horridge
Herstellung	Erica Rosen

Für die deutsche Ausgabe:

Programmleitung	Monika Schlitzer
Herstellungsleitung	Dorothee Whittaker
Projektbetreuung	Martina Glöde
Herstellung und Reihengestaltung	Mareike Hutsky

Bibliografische Information Der Deutschen Bibliothek
Die Deutsche Bibliothek verzeichnet diese Publikation in der Deutschen Nationalbibliografie;
detaillierte bibliografische Daten sind im Internet über http://dnb.ddb.de abrufbar.

Titel der englischen Originalausgabe:
DK online Oceans

© Dorling Kindersley Limited, London, 2008
Ein Unternehmen der Penguin-Gruppe

© der deutschsprachigen Ausgabe by
Dorling Kindersley Verlag GmbH, München, 2008
Alle deutschsprachigen Rechte vorbehalten

Milkmoon ® ist eine eingetragene Marke
der xperience-at-work GmbH, Hamburg
http://www.milkmoon.de/

Übersetzung Gerd Hintermaier-Erhard
Redaktion Frauke Bahle

ISBN 978-3-8310-1299-2

Colour reproduction by Colourscan, Singapore
Printed and bound in China by Toppan

Besuchen Sie uns im Internet
www.dk.com

Ozeane

Von John Woodward

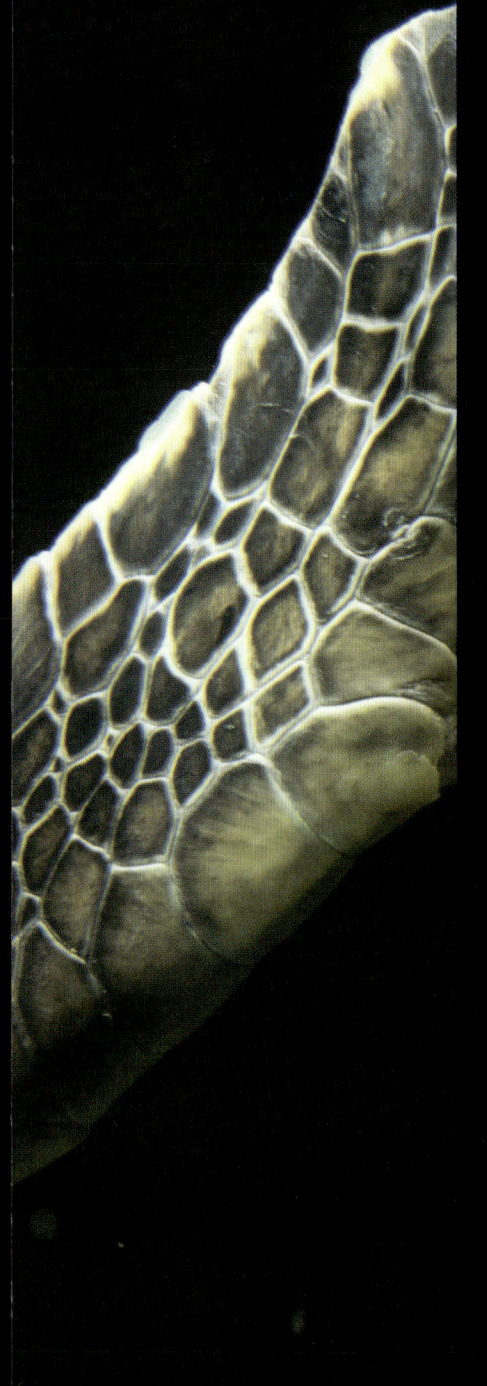

INHALT

BENUTZUNG DER WEBSEITE	6
PLANET DER MEERE	8
PIONIERE DER MEERE	10
OZEANOGRAFIE	12
VORSTOSS IN DIE TIEFE	14
OZEANBÖDEN	16
OZEANE UND KONTINENTE	18
MITTELOZEANISCHE RÜCKEN	20
HOT SPOTS UND SEAMOUNTS	22
TIEFSEERINNEN	24
TSUNAMIS	26
KÜSTENEROSION	28
TIEFSEE-EBENEN	30
SCHWANKENDER MEERESSPIEGEL	32
MEERWASSER	34
WÄRME UND LICHT	36
POLARMEERE	38
OZEANE UND ATMOSPHÄRE	40
WIRBELSTÜRME	42
WIND UND WELLEN	44
GEZEITEN: EBBE UND FLUT	46
OBERFLÄCHENSTRÖMUNGEN	48
JAHRESZEITLICHE WINDE	50
TIEFENSTRÖMUNGEN	52

NÄHRSTOFFE UND MEERESORGANISMEN	54
NAHRUNGSKETTEN	56
MARINES LEBEN	58
LEBEN IN FLACHMEEREN	60
LEBEN IN DER STRANDZONE	62
LEBEN IN DEN POLARMEEREN	64
KORALLENRIFFE UND ATOLLE	66
DER OFFENE OZEAN	68
DIE TIEFSEE	70
HYDROTHERMALE QUELLEN	72
MINERALE IM OZEAN	74
ENERGIE AUS DEM MEER	76
FISCHEREI UND AQUAFARMING	78
ÜBERFISCHUNG UND BEIFANG	80
SCHIFFSROUTEN UND TOURISMUS	82
GEFÄHRDETE LEBENSRÄUME	84
KLIMAWANDEL	86
SCHUTZ DER MEERE	88

ANHANG

DIE ERFORSCHUNG DER OZEANE	90
GLOSSAR	92
REGISTER	94
DANK UND BILDNACHWEIS	96

VOM BUCH INS INTERNET UND ZURÜCK

Dieses Buch hat seine eigene Internetseite. Zu jedem Thema im Buch findest du ein extra gekennzeichnetes Stichwort. Dieses kannst du als Suchbegriff auf der Internetseite eingeben und erhältst viele tolle Internet-Links zum Thema.

http://www.WissenmitLinks.de

 Gib die Internetadresse ein.

 Finde im Buch den Suchbegriff zum Thema.

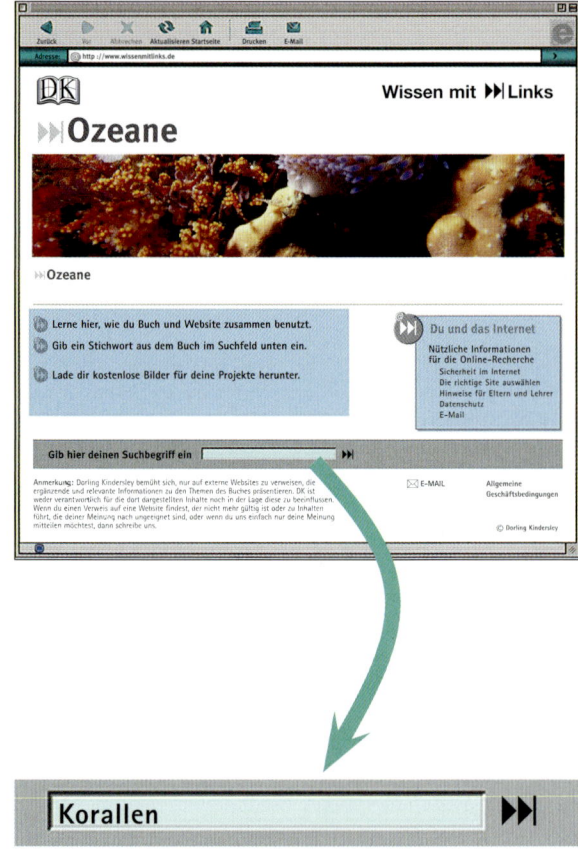 Gib den Suchbegriff ein, z. B.

Beachte, dass nur die im Buch angegebenen Suchbegriffe zu den richtigen Links auf der Internetseite führen.

Das solltest du beachten, wenn du im Internet surfst:

- Hole dir immer die Erlaubnis eines Erwachsenen, bevor du online gehst.
- Gib nie persönliche Informationen preis (z. B. Name, Adresse etc.).
- Beantworte keine E-Mails von Fremden.
- Triff dich nie mit jemandem, den du im Internet kennen gelernt hast.
- Wenn du nach deinem Namen oder deiner E-Mail-Adresse gefragt wirst, wende dich erst an einen Erwachsenen.

Eltern: Der Verlag überprüft die Links regelmäßig. Dennoch kann sich der Inhalt ändern. Dorling Kindersley ist nur für seine eigene Website verantwortlich. Wir empfehlen Ihnen, Ihre Kinder zu beaufsichtigen, wenn sie online sind, Chat Rooms zu meiden und Filtersoftware zu installieren.

Klicke den Link an, der dich interessiert.

Lade dir fantastische Bilder herunter.

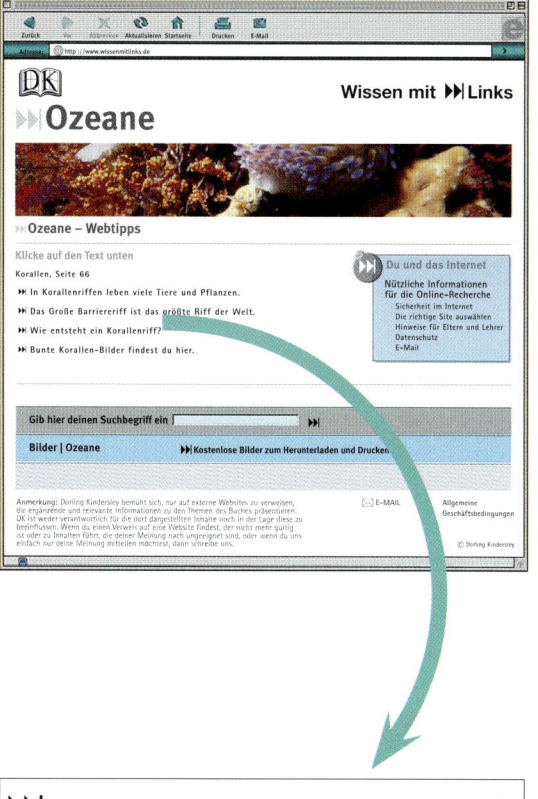

▶▶ Wie entsteht ein Korallenriff?

Hier findest du Bilder und Grafiken, Animationen, Video-Clips, Sounds, virtuelle Rundgänge, interaktive Quizspiele, weitere Informationen und Zeittafeln.

Riffzonen

Die Bilder darfst du kostenfrei, jedoch nur für deinen eigenen Gebrauch verwenden.

Schlage im Buch ein neues Thema nach ...

PLANET DER MEERE

Unser Planet Erde ist wahrlich ein Planet der Meere. Sie bedecken über zwei Drittel seiner Oberfläche und sind im Mittel 3800 m tief. Damit sind sie das vorherrschende Landschaftselement. Die Erde ist der einzige Planet im Sonnensystem mit flüssigen Meeren und es ist sicher kein Zufall, dass nur auf ihr Leben existiert. Denn nur Wasser erlaubt Leben, wie wir es kennen. Im Wasser sind wohl auch die ersten Lebensformen entstanden. Das Leben an Land wird erst durch die Meere möglich.

▲ **LEBENSFREUNDLICHE UMLAUFBAHN**
Die Ozeane verdanken ihre Existenz einer Kombination besonders glücklicher Umstände: Die Entfernung zur Sonne schafft angenehme Temperaturen, sodass Wasser meist als Flüssigkeit vorkommt. Größe und Schwerkraft der Erde ermöglichen eine Atmosphäre aus Luft und Wasserdampf, die wie eine Isolierhülle verhindert, dass die Meere gefrieren oder verdampfen.

ANDERE HIMMELSKÖRPER

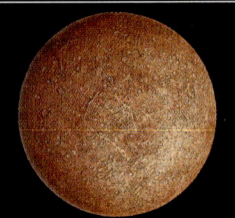

MERKUR
Als sonnennächster Planet ist der Merkur wesentlich kleiner als die Erde. Seine schwache Schwerkraft vermag keine Atmosphäre zu halten, weshalb die nackte Planetenoberfläche extremen Temperaturen von −180°C bis +430°C ausgesetzt ist.

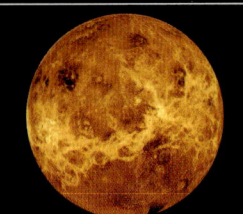

VENUS
Die Venus ist fast genauso groß wie die Erde und wird von einer dichten Atmosphäre umhüllt. Sie besteht fast ausschließlich aus Kohlendioxid. Da sie jegliche Wärmeabstrahlung verhindert, hat sich die Planetenoberfläche auf über 500°C erhitzt.

MARS
Seine geringe Größe und Schwerkraft erlauben nur eine dünne Atmosphäre. Weil er weiter von der Sonne entfernt ist als die Erde, ist er auch viel kälter. Das wenige Wasser bildet keine Gewässer, sondern kommt lediglich als Eis an den Polen und im Boden vor.

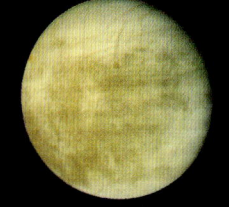

EUROPA
Der Jupitermond Europa besteht aus Festgestein mit einer Eisoberfläche, unter der vielleicht flüssiges Wasser verborgen ist. Trifft das zu, so wäre Europa der einzige weitere Himmelskörper im Sonnensystem mit viel Wasser, das eventuell Leben enthält.

▲ **BLAUE TIEFE**
Die Ozeane füllen ein Volumen von rund 1330 Mio. km³ Wasser. Das entspricht etwa dem 1000-Fachen des Festlandvolumens über dem Meeresspiegel. Organismen können den gesamten Meeresraum bewohnen, anders als die Landbewohner, die nur auf der Landoberfläche leben. Der ozeanische Lebensraum ist der wichtigste auf dem ganzen Planeten.

Planet der Meere

▲ TROPISCHE MEERE
Die Ozeane der Erde zeigen sich in vielfältigen Ausprägungen. Einerseits gibt es, in warmen Regionen, die klaren tropischen Oberflächengewässer mit ihrer außerordentlich hohen Artenvielfalt. Weil im klaren Wasser aber Nährstoffknappheit herrscht, sind die Populationen meist klein.

▲ POLARMEERE
Andererseits ist, in kalten Regionen, das Oberflächenwasser fast ganzjährig zugefroren. Damit kommen zwar nur relativ wenige Tierarten zurecht, aber diese Arten bilden riesige Populationen, weil das nährstoffreiche Meerwasser unerschöpfliche Nahrungsquellen bereitstellt.

OZEANE DER ERDE

Die Weltmeere werden durch die Kontinente in fünf große Ozeane aufgeteilt. Pazifischer, Atlantischer und Indischer Ozean sind im Süden durch das Südpolarmeer verbunden. Obwohl sie miteinander Wassermassen austauschen, besitzt jeder Ozean seinen eigenen Charakter.

GRÖSSE UND TIEFE (Mio. = Million)

OZEAN	FLÄCHE	MITTLERE TIEFE
Pazifischer Ozean	166 Mio. km	4280 m
Atlantischer Ozean	82 Mio. km	3300 m
Indischer Ozean	74 Mio. km	3890 m
Südpolarmeer	35 Mio. km	3350 m
Nordpolarmeer	12 Mio. km	990 m

▲ WASSER DES LEBENS
Flüssiges Wasser ist lebenswichtig – nicht nur auf der Erde, sondern vielleicht im ganzen Universum. Es ist Baustoff lebender Zellen, in denen es auch als Transportmedium für Nährstoffe wirkt und zum Aufbau von Eiweißmolekülen und der DNS (Desoxyribonukleinsäure) beiträgt. Dass solche Moleküle im Meerwasser vorhanden waren, hat vermutlich zur Entstehung allen organischen Lebens in den Ozeanen vor 3,5 Mrd. Jahren geführt.

ÖLBOHRINSEL ▶
Die Weltmeere sind reich an Rohstoffen wie Erdöl, Erdgas oder Metallerzen und seit Jahrhunderten werden sie als Handelsrouten genutzt. Aber sie sind auch gefährliche und unzugängliche Orte, deren Erschließung ohne entsprechende Spezialausrüstung nicht denkbar wäre. Aus diesem Grund sind die Ozeane die letzte wirkliche Herausforderung auf der Erde.

PIONIERE DER MEERE

Die Ersten, die sich aufs Meer hinauswagten, interessierten sich nicht für die Ozeane selbst, sondern für das Land, das sie hinter dem Horizont vermuteten. Schon vor 2000 Jahren machten sich Küstenbewohner wie die Polynesier auf, um zahlreiche Inseln im riesigen Pazifik zu besiedeln. Nachfolgende Seefahrer waren mehr auf Beutezüge und Handel aus. Erst allmählich wurden die Erkundungsfahrten zum Selbstzweck, um die Ozeane zu kartieren und ihre Geheimnisse zu ergründen.

▲ DIE ERSTEN ENTDECKER
Die ersten Entdeckungsreisenden waren wohl die Ureinwohner Australiens, die vor über 50 000 Jahren von Indonesien kommend die Timorsee durchquerten. Rund 3500 Jahre danach breiteten sich Polynesier vom Westpazifik aus in Richtung Osten über den größten Ozean der Erde aus. Wiederum 1000 Jahre später brachen die Wikinger gen Westen auf, um 500 Jahre vor Kolumbus die Ostküste Amerikas zu erreichen. Die Schnitzerei (oben) zeigt sie in einem ihrer Boote.

◀ ORIENTALISCHE FLOTTEN
Der chinesische Admiral Zheng He (1371–1433) war einer der ersten Pioniere des Indischen Ozeans. Anfang des 15. Jahrhunderts unternahm er sieben Reisen nach Indien, Arabien und Ostafrika. Er befehligte eine riesige Flotte aus über 300 Schiffen, darunter ein gewaltiger Neunmaster, der fünfmal so groß war wie die *Santa Maria*, mit der Kolumbus 1492 den Atlantik überquerte.

FERDINAND MAGELLAN ▶
Die erste Weltumsegelung war reiner Zufall. Im Jahre 1519 stach Ferdinand Magellan (1480–1521) in See, um neben der bekannten Route über den Indischen Ozean einen neuen Weg über den Atlantik und Pazifik zu den Gewürzinseln zu finden. Er wollte auf demselben Weg zurückkehren, aber als er unterwegs starb, beschloss seine Mannschaft nach Westen weiterzusegeln und den Heimweg über den Indischen Ozean zurück in den Atlantik zu suchen. Von anfangs 265 Mann kamen nur 18 zurück.

► **WEGSUCHE**

Die ersten Seefahrer hatten weder genaue Karten noch Instrumente. Sie bestimmten anhand des Sonnenstands und der Sternpositionen, wie weit nördlich sie segelten – ihre West- oder Ostposition konnten sie jedoch nur grob schätzen. Dazu hätten sie genaue Uhren gebraucht. Mit der ersten seetauglichen Uhr des englischen Uhrmachers John Harrison (1693–1776) begann eine neue Ära der Navigation auf See.

Mit seinen zwei Metallfedern und Hebeln funktionierte das Uhrwerk auch bei rauer See.

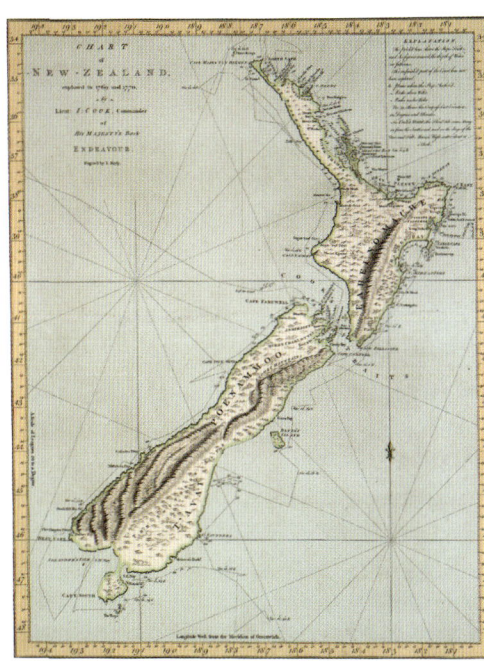

▲ **DIE KARTIERUNG DER ERDE**
Präzise Navigation erfordert genaue Kartenwerke. Viele alte Karten beruhen auf den im 18. und 19. Jahrhundert gesammelten Daten zahlreicher Expeditionen. Diese Originalkarte von Neuseeland geht auf Captain James Cooks (1728–1779) Pazifik-Expeditionen zurück. Er erstellte sie zusammen mit jener von der Ostküste Australiens. Weitere Forschungsfahrten folgten, z. B. unter Captain Robert FitzRoy (1805–1865). Seine zweite Fahrt von 1831 bis 1835 mit der HMS *Beagle* ist die berühmteste, denn Charles Darwin (1809–1882) war mit an Bord.

Harrisons erste Präzisionsuhr H1 hatte vier Zifferblätter für Tag, Stunde, Minute und Sekunde.

► **AM RANDE DER ERDE**
Die beiden Polarmeere der Arktis und Antarktis waren die zuletzt erforschten Ozeane. Viele Schiffe und Mannschaften gingen bei den Versuchen, eine Schiffsroute durch die Nordwestpassage nach Asien zu finden, verloren. Das Südpolarmeer rund um die Antarktis war noch gefährlicher. Charles Wilkes (1798–1877) und James C. Ross (1800–1862) gelang es schließlich, sie teilweise zu erkunden. Dieses Gemälde zeigt Ross' beide Schiffe, die HMS *Erebus* und die HMS *Terror*, wie sie von Eisbergen bedroht werden.

OZEANOGRAFIE

Die Ozeanografische Forschung hat ihre Wurzeln im 18. und 19. Jahrhundert, als Captain Cook und Charles Darwin ihre ersten Forschungsreisen durchführten. Sie sammelten wertvolle Informationen über Meeresströmungen, Temperatur und Meerestiefen sowie über geologische Strukturen und Meeresorganismen. Die wirkliche Meeresforschung begann dann Ende des 19. Jahrhunderts mit den Fahrten der HMS *Challenger*. Ziel war es damals, so viele Daten wie nur möglich über die Weltmeere zu sammeln. Das führte letztlich zur Gründung von ozeanografischen Instituten, die sich fortan der Erforschung der Meere verschrieben.

▲ **WISSENSCHAFTLER AN BORD**
Das Hauptanliegen der Schiffsreisen im 19. Jahrhundert war die Entdeckung und Kartierung von Neuland. Mit an Bord waren häufig auch Wissenschaftler, allen voran Charles Darwin, der die Reise auf der *Beagle* 1831–1836 mitmachte (hier vor Feuerland ankernd). Auf See sammelte Darwin Meerestiere, untersuchte das Meerwasser und dachte über die Entstehung vulkanischer Inseln, Korallenriffe und Atolle nach und über die Organismen, die auf ihnen lebten.

▲ **DIE CHALLENGER-EXPEDITION**
Die von 1872–1876 dauernde Entdeckungsfahrt der HMS *Challenger*, eines ausgemusterten Vermessungsschiffs, war die erste echte Meeresforschungsreise. Physiker, Chemiker und Biologen fingen, sammelten, vermaßen und protokollierten alles, was für sie und ihre Instrumente erreichbar war, selbst in größeren Tiefen der Ozeane. Dabei entdeckten sie über 4700 neue Arten und gewannen eine erste Vorstellung von der Gestalt des Meeresbodens mit seinen Rücken, Gräben und Tiefsee-Ebenen.

▲ **MODERNE MEERESFORSCHUNG**
Heutige Forschungsschiffe sammeln Daten in allen Weltmeeren. Auftraggeber sind ozeanografische Institute wie das Alfred Wegener Institut in Bremerhaven. In diesen Instituten bündeln sich viele Wissenschaften, die sich mit den Ozeanen beschäftigen, wie z.B. Physik und Chemie des Meerwassers, Meeresbiologie, Meeresgeologie oder Meteorologie. Die komplexen Zusammenhänge dieser Forschungszweige macht die Ozeanografie zu einer der herausforderndsten Wissenschaftsgebiete.

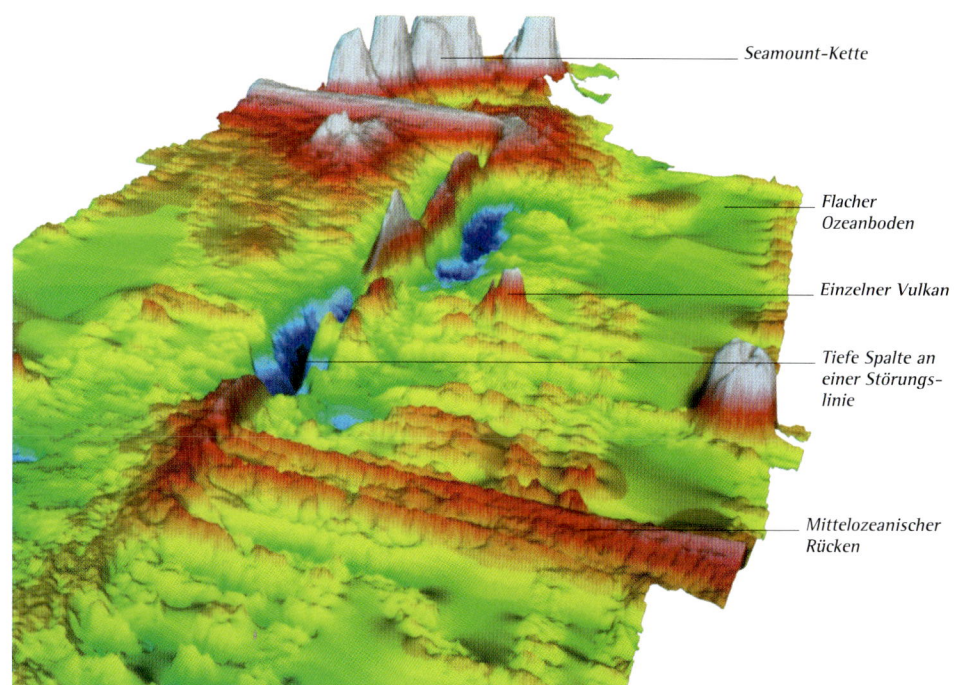

- Seamount-Kette
- Flacher Ozeanboden
- Einzelner Vulkan
- Tiefe Spalte an einer Störungslinie
- Mittelozeanischer Rücken

► SONAR-MESSUNGEN
Die ersten Forschungsschiffe maßen die Meerestiefe mit extrem langen Messleinen, einer sehr zeitaufwendigen Methode. Erst das Echolot oder Sonar und danach das Side-Scan-Sonar, das 3-D-Bilder liefert, machten den Meeresboden »sichtbar«, wie hier den Pazifikboden vor Südamerika.

◄ TIEFSEEBOHRUNG
Viele Kenntnisse über die Ozeane beruhen auf Gesteinsproben des Meeresbodens, die inzwischen aus vielen Regionen und Tiefen vorliegen und uns ein immer genaueres Bild liefern. Das japanische Bohrschiff *Chikyu* kann bis in mehr als 7000 m Tiefe unter dem Meeresboden bohren, bei maximal 2500 m Wassertiefe – das ist mehr als die Höhe des Mount Everest.

Ozeanografie

SATELLITENDATEN

Von Satelliten aufgezeichnete Daten sind extrem wertvoll für Ozeanografen. So haben satellitengestützte Schwerkraftsensoren die bisher beste Abbildung des Ozeanbodens geliefert, hier im Bild der Boden des Atlantik. Andere Messinstrumente nehmen Temperatur, Eisbedeckung, Meeresströme und Planktondichte auf. Auch aus diesen Werten können Karten erstellt werden. Meteo-Satelliten funken kontinuierlich Bilder über Wettersysteme zur Erde. Sie helfen, z. B. Zugbahnen von Hurrikanen vorherzusagen.

VORSTOSS IN DIE TIEFE

Lange Zeit drangen die Menschen mit einfachen Tauchglocken nur bis in geringe Tiefen vor. Größere Tiefen ließ der zunehmende Wasserdruck nicht zu. Erst mit der Entwicklung von Tiefsee-Tauchbooten war das möglich. Die ersten ihrer Art waren allerdings nur druckfeste Metallkugeln mit Gewichten und Schwimmern zum Sinken und Auftauchen. Der 1962 gebaute *Alvin* läutete eine neue Generation bemannter, steuerbarer Tauchboote ein, mit denen die Forscher am Meeresboden Proben sammeln und die Umgebung filmen konnten.

◄ **TAUCHGLOCKE**
Tauchglocken waren bereits 1690 im Einsatz, um Schiffswracks zu bergen. Sie bestanden meist aus Holz, waren wasserdicht und unten offen. Man ließ sie vom Boot aus mit einem Tau zu Wasser. Unter Wasser verhinderte der Luftdruck in ihrem Innern, dass Wasser eindrang. Am Grund angekommen konnte der Taucher die Glocke sogar verlassen. Dazu trug er einen Tauchhelm, der mit Luft aus der Glocke versorgt wurde.

◄ **ALVIN**
Das Tauchboot *Alvin*, das der US-Marine gehörte und vom Ozeanografischen Institut in Woods Hole betrieben wurde, konnte zwei Wissenschaftler und einen Piloten aufnehmen, der es bis in 4500 m Tiefe steuern konnte. Seit seiner Jungfernfahrt 1964 absolvierte *Alvin* über 4000 Tauchgänge, entdeckte 1977 die hydrothermalen Schlote und tauchte erstmals mit einer Crew zur *Titanic* hinab.

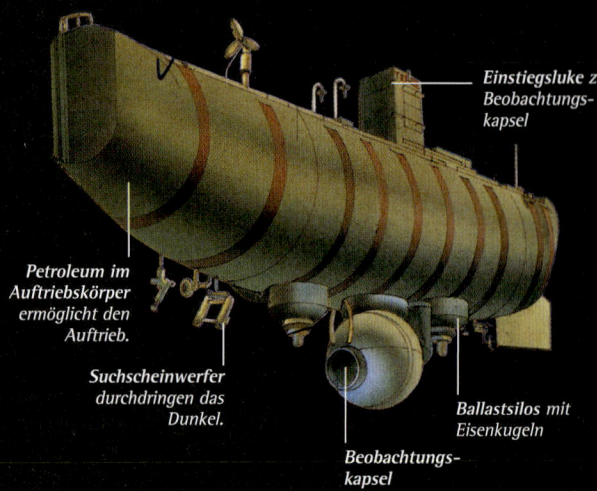

Einstiegsluke zur Beobachtungskapsel

Petroleum im Auftriebskörper ermöglicht den Auftrieb.

Suchscheinwerfer durchdringen das Dunkel.

Ballastsilos mit Eisenkugeln

Beobachtungskapsel

▲ **DER BATHYSKAPH**
Im Jahr 1960 beschlossen Jacques Piccard (*1922) und Don Walsh (*1931), mit dem Bathyskaphen *Trieste* in die größte Tiefe des Pazifischen Ozeans abzutauchen. Das Tauchboot war im Prinzip eine Metallkugel, die an einem mit Petroleum gefüllten Auftriebskörper hing und mit Eisenkugeln beschwert war. Nach dem mehrstündigen Tauchgang schwebten sie 20 Minuten über dem Meeresboden, bevor sie den Ballast abwarfen, um wieder aufzusteigen. Ein Fisch, den sie dort unten sahen, beweist, dass es Leben in extremen Tiefen gibt.

◄ **BEMANNTES TAUCHBOOT IM EINSATZ**
Auf rund 4000 m Tiefe abzutauchen dauert mindestens zwei Stunden, während denen Wissenschaftler und Pilot eingepfercht sind in die winzige, massive Tauchkugel. Strom sparend, ohne Scheinwerfer, geht es in die pechschwarze Tiefe. Erst ganz unten wird das Licht angemacht, um zu beobachten, Proben zu nehmen und Videos aufzunehmen, die über Kabel ans Mutterschiff übertragen werden.

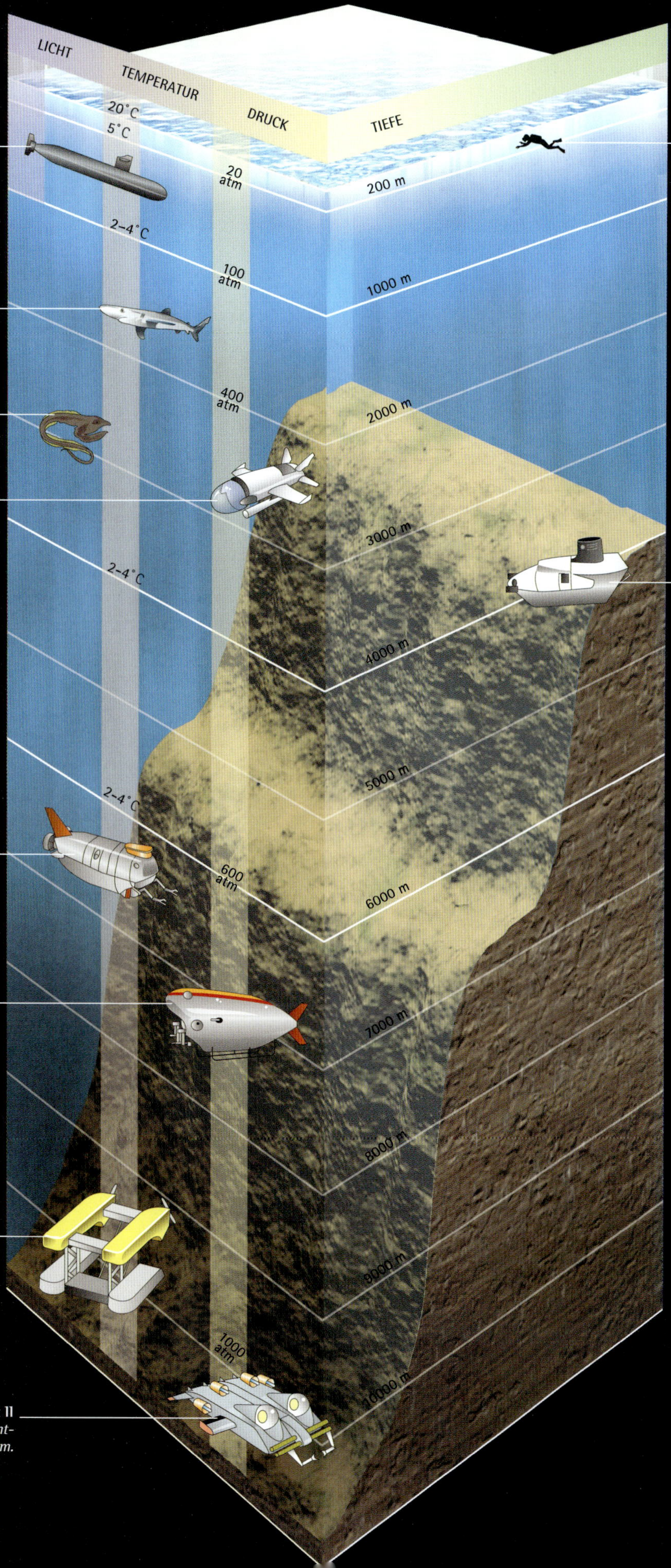

Die Tiefe erobern

Atom-U-Boote halten dem Druck großer Tiefen nicht stand.

Weiße Haie tauchen viel tiefer als U-Boote.

Pelikanaale sind, wie viele Tiefseefische, druckunempfindlich.

Deep Flight 1 kann mit Flugzeugtechnik unter Wasser förmlich fliegen.

@▶▶ Tiefsee

Shinkai 6500 ist auf 6537 m hinabgetaucht.

Comra soll 7000 m Wassertiefe erreichen.

Dieses **Hybrid-ROV** kann in extremen Tiefen operieren.

Deep Flight II ist erst im Entwurfsstadium.

LICHT — TEMPERATUR — DRUCK — TIEFE

20 °C / 5 °C — 20 atm — 200 m
2–4 °C — 100 atm — 1000 m
— 400 atm — 2000 m
— — 3000 m
2–4 °C — — 4000 m
— — 5000 m
2–4 °C — 600 atm — 6000 m
— — 7000 m
— — 8000 m
— — 9000 m
— 1000 atm — 10 000 m

Gerätetaucher erreichen maximal 50 m Tauchtiefe.

Alvins Tauchtiefe reicht bis 4500 m.

◀ DIE TIEFE EROBERN
Taucher können nicht ohne spezielle druckfeste Taucheranzüge in große Tiefen vordringen. Tiefsee-U-Boote steigen viel tiefer hinab, haben aber auch ihre Grenzen. ROVs (Remote Operated Vehicles) werden schon bald die tiefsten Tiefseerinnen erkunden. Ingenieure arbeiten an bemannten Tauchbooten mit ähnlichen Fähigkeiten.

▲ MIT FERNBEDIENUNG
Eine Reihe von Tiefseeerkundungen werden bereits mit ROVs unternommen, die mit dem Mutterschiff oder einem U-Boot per Videokabel verbunden sind. Besonders für gefährliche Einsätze eignen sich ROVs wie der *Global Explorer* (oben) zum Teil besser als bemannte U-Boote. Sie können z. B. leicht in Hohlräume eindringen, um Wracks, Höhlen oder Eisbergspalten zu untersuchen.

OZEANBÖDEN

Seit den ersten genaueren Erkundungen der Tiefsee im 19. Jahrhundert wissen die Meeresforscher, dass Ozeanbecken nicht nur öde Wasserwannen sind. Sie erkannten, dass die Meere von flachen Küstengewässern gesäumt und die tieferen Bereiche mit untermeerischen Vulkanen übersät sind. Lange Gebirgsketten und tiefe Gräben vervollständigen das Bild. Mit zunehmender Datenfülle wuchs auch die Detailgenauigkeit bei der grafischen Darstellung.

MERKMALE DES OZEANBODENS

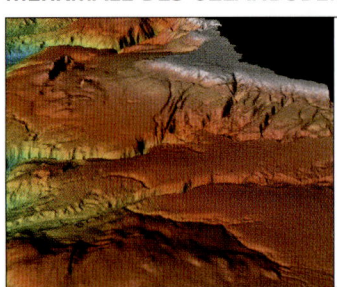

KONTINENTALSCHELF
Die Flachmeere vor den Küsten überdecken den Kontinentalschelf. Sie können weit ins Meer hinausreichen, wie hier schwarz gezeigt, und von Canyons durchzogen sein. Am Außenrand fallen sie steil in die Tiefseebecken ab.

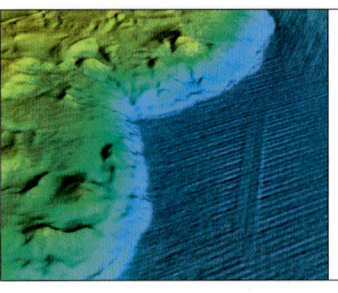

TIEFSEE EBENEN
Das sind große, ebene Bereiche der Ozeanböden, hier blau gekennzeichnet. Sie sind von Schlamm, Sand und anderen Sedimenten bedeckt, die die eigentlichen Gesteinsstrukturen der Ozeanböden verhüllen.

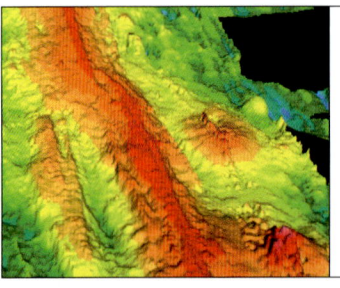

MITTELOZEANISCHE RÜCKEN
Ein einzelner Seamount und ein Teil eines mittelozeanischen Rückens. Das sind die längsten Gebirgsketten der Erde und umspannen sie weltweit. Sie bestehen aus vulkanischem Basalt und bilden zerklüftete Kämme.

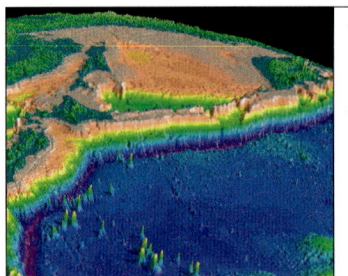

TIEFSEERINNEN
Diese Satellitenaufnahme zeigt eine Tiefseerinne (dunkelblau) zwischen der Tiefsee und den flachen Randmeeren Asiens. In manchen Tiefseerinnen hätte der Mount Everest Platz. Hier kommt es häufig zu Erdbeben und Vulkanausbrüchen.

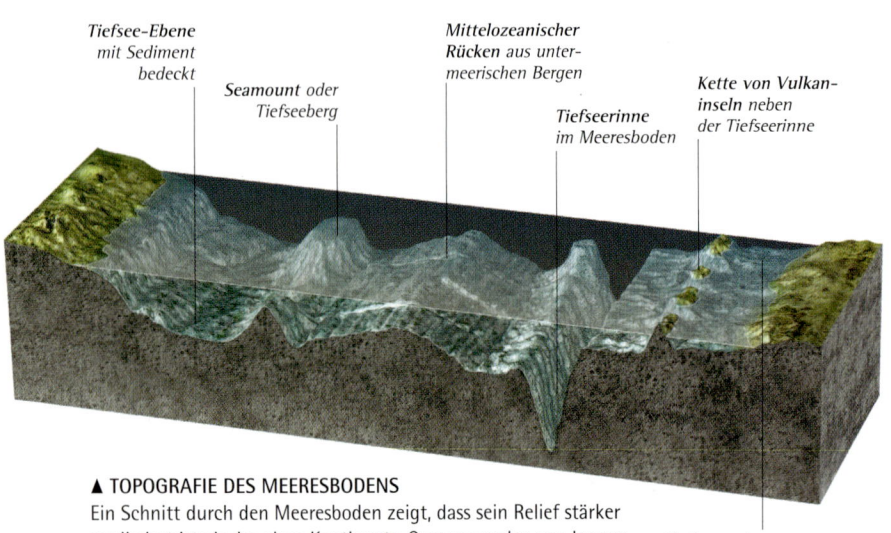

Tiefsee-Ebene mit Sediment bedeckt — *Seamount oder Tiefseeberg* — *Mittelozeanischer Rücken aus untermeerischen Bergen* — *Tiefseerinne im Meeresboden* — *Kette von Vulkaninseln neben der Tiefseerinne* — *Flachmeer im Küstenbereich*

▲ TOPOGRAFIE DES MEERESBODENS
Ein Schnitt durch den Meeresboden zeigt, dass sein Relief stärker gegliedert ist als das eines Kontinents. Ozeane werden von langen mittelozeanischen Rücken durchquert, die von zahllosen Störungen zerschnitten sind. Meeresböden sind übersät mit Inseln und untermeerischen Bergen (Seamounts), die sich oft zu Ketten aufreihen. Die Ränder von Pazifischem und Indischem Ozean werden von vielen Tiefseerinnen gesäumt.

▼ ÜBERHÖHTE GIPFEL UND HÄNGE
In allen Karten und Zeichnungen des Meeresbodens ist die senkrechte Achse stark überhöht dargestellt, um Einzelheiten deutlicher zu machen. Untermeerische Vulkane und Inseln ragen wie Nadeln vom Meeresboden empor, während Rinnen und Schelf wie Canyons und Kliffe aussehen. In Wirklichkeit ist alles viel flacher.

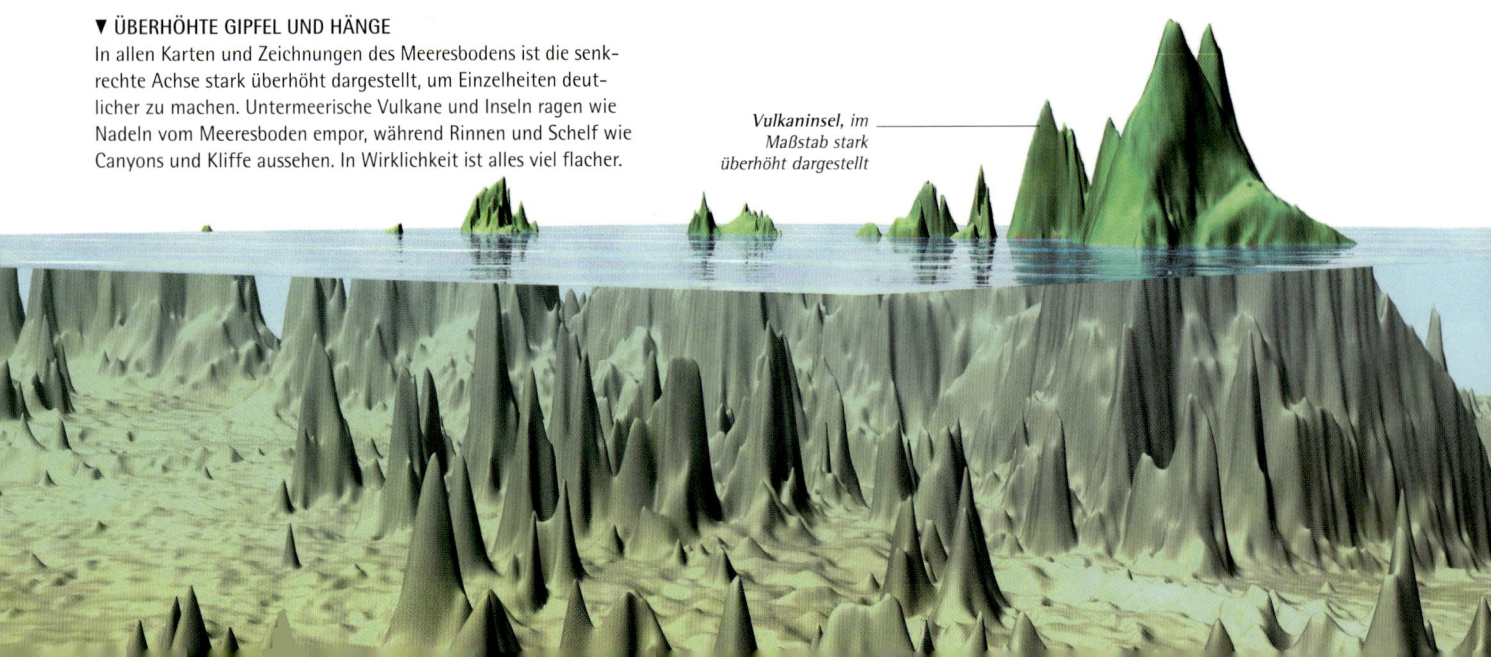

Vulkaninsel, im Maßstab stark überhöht dargestellt

▲ **KARTE DES OZEANBODENS**
Das 1913 erfundene Echolot oder Sonar erlaubt es, vom Schiff aus einfach und schnell die Meerestiefe zu messen. In der Fläche angewandt liefert es ein Bild von der Meeresbodenoberfläche. Im Lauf der Jahre sammelten sich zahlreiche Sonardaten an, die der Meeresgeologe Bruce Heezen (1924–1977) und seine Assistentin Marie Thorp (1920–2006) in den 1970er-Jahren nutzten, um die erste Weltkarte der Ozeanböden (rechts) zu erstellen. Das war eine Art »professionelle Puzzlearbeit«, denn die Wissenschaftler fügten die Karte aus zahllosen einzelnen Echoaufnahmen zusammen. Am Ende entstand eine sehr anschauliche Darstellung der Ozeanböden, die die beiden und viele andere Wissenschaftler dazu inspirierte, noch mehr über die Natur und Entstehung der Ozeane herauszukommen.

Meeresboden

▼ **REALITÄTSNAHE HÖHEN UND HÄNGE**
Untermeerische Vulkane haben die Form einer breiten Kuppel. Das Gefälle von den Schelfmeeren hinab in die Tiefsee ist so flach, dass man, gäbe es kein Wasser, ohne Weiteres mit dem Mountainbike hinauffahren könnte. Selbst die Tiefseerinnen sind ziemlich breite Mulden und keineswegs schmale Canyons. Diese Zeichnung gibt das künstlich überhöhte Relief der Seite 16 realistisch wieder.

Vulkaninsel in ihrer realistischen Form

OZEANE UND KONTINENTE

Ozeanbecken sind mehr als nur mit Wasser gefüllte Wannen. Sie sind geologisch völlig verschieden von den Kontinenten, die sie trennen. Die schweren und tief liegenden Gesteine der dünnen Ozeanböden sind erstarrtes vulkanisches Magma aus dem Erdmantel, während die der Kontinente leichter und vielfältigen Ursprungs sind. Ozeanböden werden an auseinanderweichenden Plattenrändern neu gebildet, an zusammenstoßenden dagegen zerstört.

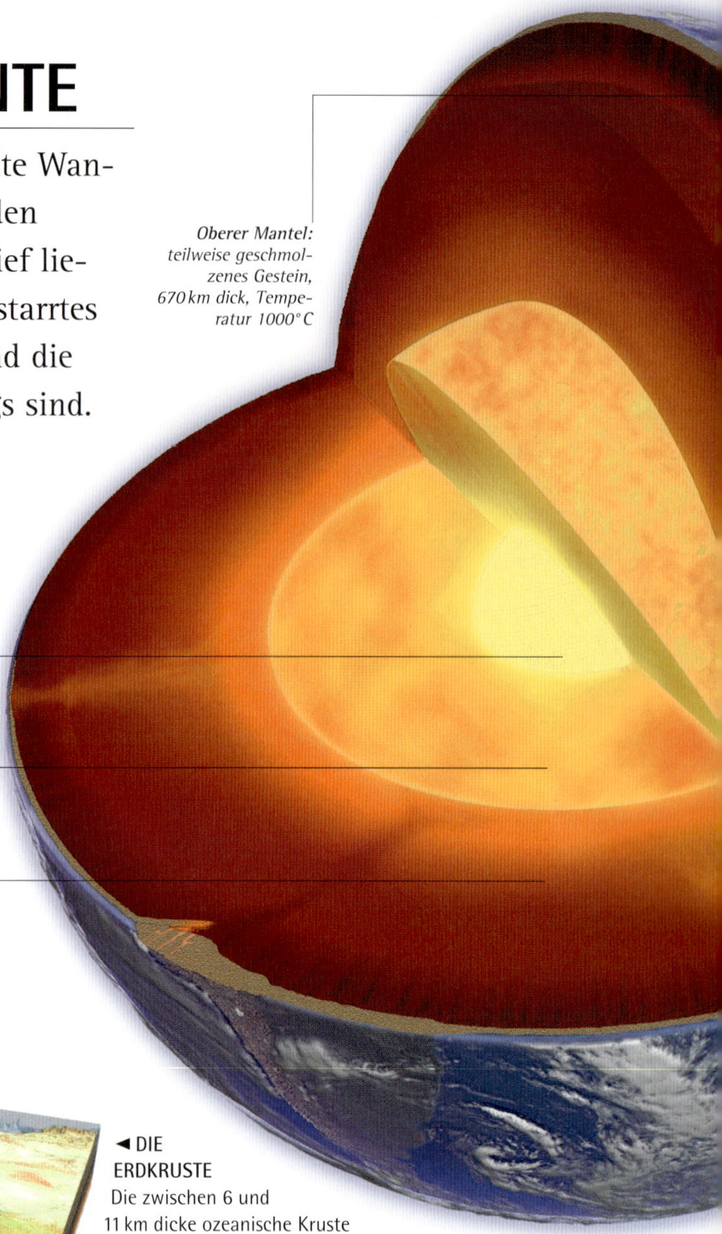

Oberer Mantel: teilweise geschmolzenes Gestein, 670 km dick, Temperatur 1000° C

◄ DIE SCHALEN DES ERDKÖRPERS
Die Erde entstand, als sich unzählige Asteroide zu einem einzigen Planeten zusammenballten. Bei dem Zusammenstoß wurde so viel Energie frei, dass der gesamte Planet schmolz. Ein Großteil der schweren Metalle sank allmählich zum Zentrum und formte den metallischen Erdkern. Oberhalb des Kerns verfestigte sich das Material zu dem zähflüssigen, heißen Erdmantel, der an seiner Außenseite zu einer festen Erdkruste abkühlte.

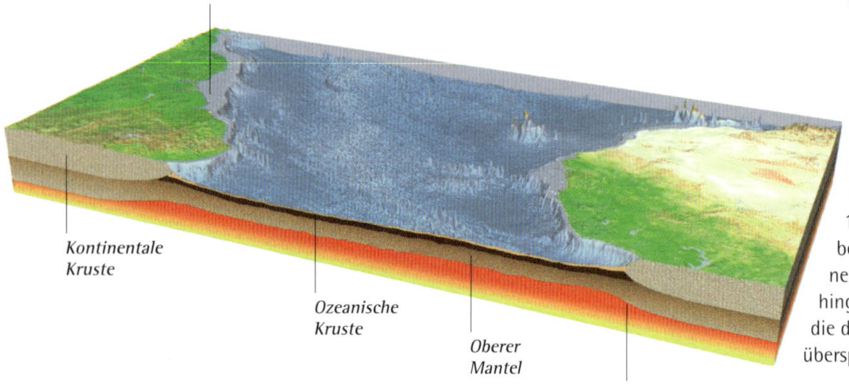

Innerer Kern: feste Metalle, rund 2440 km im Durchmesser, Temperatur 7000° C

Äußerer Kern: flüssige Metalle, rund 2250 km dick, Temperatur 4000° C

Unterer Mantel: Festgestein, 2230 km dick, Temperatur 3500° C

Kontinentalschelf

Kontinentale Kruste

Ozeanische Kruste

Oberer Mantel

Unterer Mantel

◄ DIE ERDKRUSTE
Die zwischen 6 und 11 km dicke ozeanische Kruste besteht aus dunklen, schweren Gesteinen, die denen des oberen Mantels gleichen. Die kontinentale Kruste ist hingegen bis zu 90 km mächtig, ihre Gesteine sind aber deutlich leichter als die der ozeanischen Kruste. Der Kontinentalschelf ist der von Flachmeeren überspülte Rand der Kontinente.

GESTEINE DES ERDMANTELS UND DER ERDKRUSTE

PERIDOTIT
Der obere Mantel besteht aus Peridotit, einem schweren Gestein aus Eisen- und Magnesium-Mineralen. An der Oberfläche findet man ihn nur selten und nur dort, wo er aus großen Tiefen hochgedrückt worden ist.

BASALT
Die ozeanische Kruste besteht aus Basalt. Er gleicht Peridotit, hat aber weniger schwere Bestandteile. Er entsteht, wenn Lava aus untermeerischen Vulkanspalten hervorquillt und zu neuem Ozeanboden erstarrt.

GRANIT
Die kontinentale Kruste besteht aus vielerlei Gesteinsarten, vor allem aus Granit. Er entsteht, wenn geschmolzenes Gestein tief in der Kruste langsam abkühlt. Granit ist metallärmer und leichter als Basalt, weshalb er auf dem dichten, schweren Erdmantel »schwimmt«.

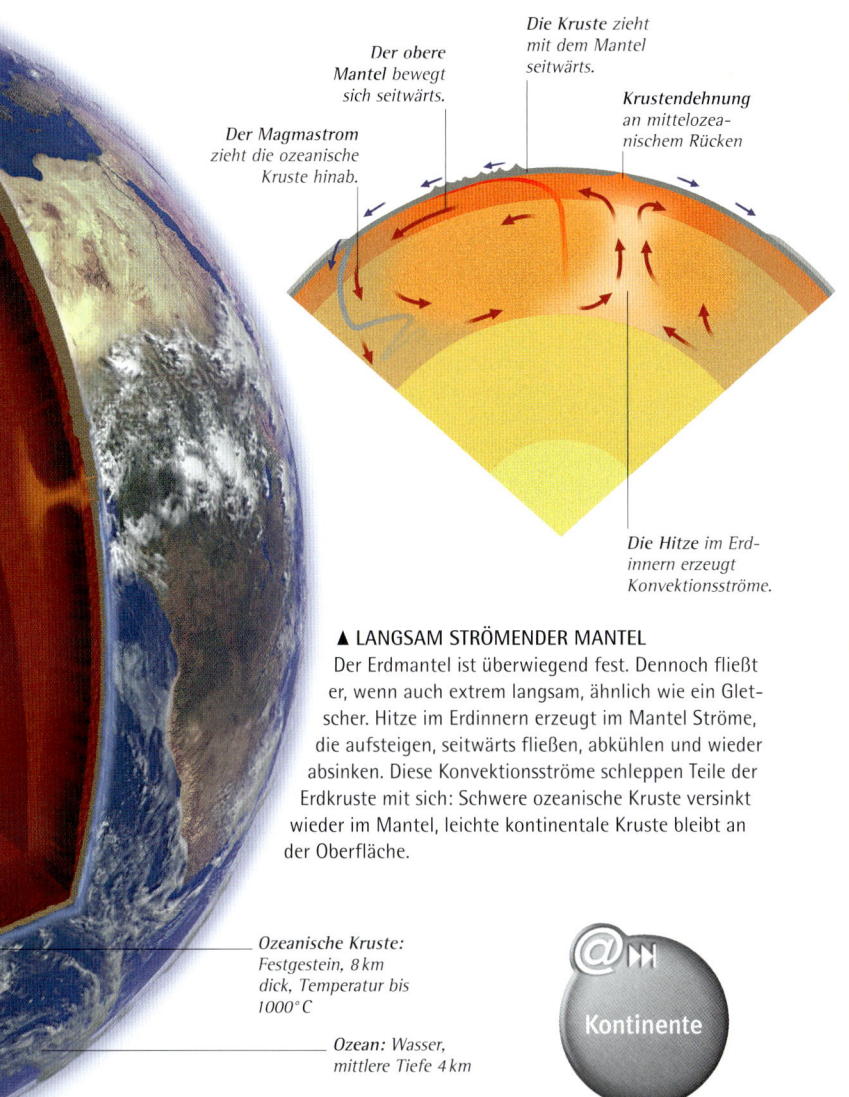

Der obere Mantel bewegt sich seitwärts.

Der Magmastrom zieht die ozeanische Kruste hinab.

Die Kruste zieht mit dem Mantel seitwärts.

Krustendehnung an mittelozeanischem Rücken

Die Hitze im Erdinnern erzeugt Konvektionsströme.

▲ LANGSAM STRÖMENDER MANTEL
Der Erdmantel ist überwiegend fest. Dennoch fließt er, wenn auch extrem langsam, ähnlich wie ein Gletscher. Hitze im Erdinnern erzeugt im Mantel Ströme, die aufsteigen, seitwärts fließen, abkühlen und wieder absinken. Diese Konvektionsströme schleppen Teile der Erdkruste mit sich: Schwere ozeanische Kruste versinkt wieder im Mantel, leichte kontinentale Kruste bleibt an der Oberfläche.

Ozeanische Kruste: Festgestein, 8 km dick, Temperatur bis 1000 °C

Ozean: Wasser, mittlere Tiefe 4 km

Kontinente

DIE DRIFT DER KONTINENTE

Durch die Magmaströme des Mantels werden große Krustenteile und mit ihnen die Kontinente mitgeschleppt. Dies ist der Grund, warum sich Form und Größe von Kontinenten und Ozeanen ständig ändern.

PANGÄA
Vor rund 200 Mio. Jahren existierte nur ein riesiger Superkontinent, den Geologen Pangäa nennen. Er war von einem gewaltigen Ozean umgeben, dem Panthalassa.

AUFBRUCH
Vor etwa 100 Mio. Jahren zerbrach Pangäa. Amerika löste sich von Afrika und der spätere Atlantik öffnete sich. Indien trieb langsam auf Asien zu.

GEGENWART
Während der letzten 100 Mio. Jahre verbreitete sich der Atlantik mit zunehmender Westdrift Amerikas. Panthalassa schrumpfte auf den heutigen Pazifik und Indien stieß mit Südasien zusammen.

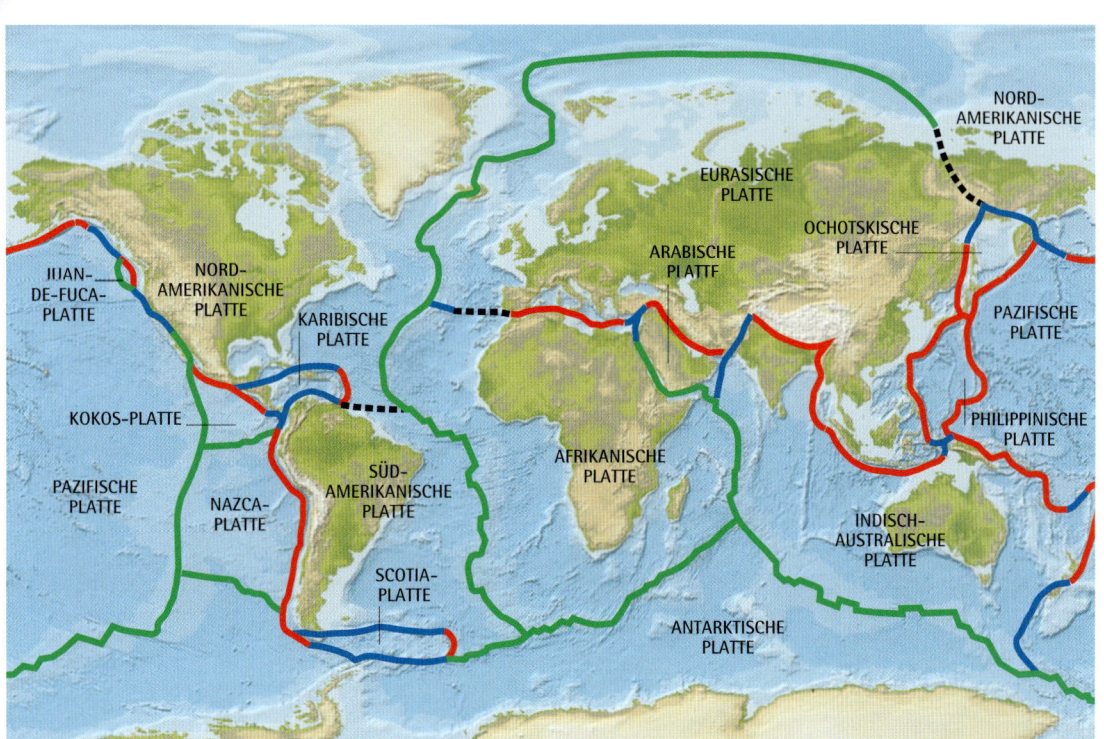

◀ PLATTEN IN BEWEGUNG
Die Konvektionsströme des Erdmantels ließen die Erdkruste in viele einzelne driftende Platten zerbrechen. Es gibt drei Arten von Plattengrenzen: An mittelozeanischen Rücken dringt Mantelmaterial empor und drückt die Platten auseinander (divergente Plattengrenze), an Tiefseerinnen taucht ozeanische Kruste in den Mantel ab (konvergente Plattengrenze) und an Transformstörungen gleiten Platten aneinander vorbei. An allen drei konzentrieren sich Erdbeben und aktive Vulkane.

LEGENDE

— Konvergente Plattengrenze
— Divergente Plattengrenze
— Transformstörung
- - Unsichere Plattengrenze

MITTELOZEANISCHE RÜCKEN

Ozeanböden bilden sich an Orten neu, wo ozeanische Kruste aufbricht, auseinanderweicht und sich ein Graben bildet. Das mindert den Druck im darunterliegenden Mantel, sodass das feste Mantelmaterial schmilzt und im Zentralgraben als Basaltlava austritt. Diese kühlt dort ab, erstarrt und bildet neue feste Ozeankruste. Gleichzeitig dehnt sich die Magmakammer unter dem Zentralgraben aus und hebt die Kruste beiderseits des Zentralgrabens an. So entsteht die zweireihige Bergkette eines mittelozeanischen Rückens.

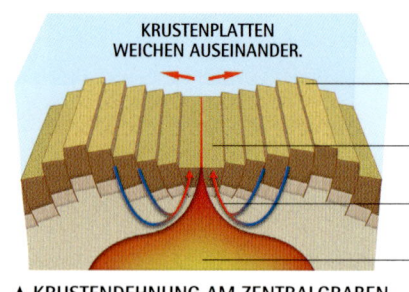

▲ **KRUSTENDEHNUNG AM ZENTRALGRABEN**
Wo der Ozeanboden durch Konvektionsströme des Mantels auseinandergedrückt wird, sacken riesige Krustenblöcke ab und bilden so einen Zentralgraben an der Plattengrenze. Er ist am Grund von zahlreichen Spalten durchzogen, durch die Basaltlava und hydrothermales, metallreiches Wasser ausfließt. Beiderseits des Zentralgrabens drückt Hitze die Kruste zu Bergrücken empor, die immer weiter wegdriften und so wieder an Höhe verlieren.

◀ **GEWUNDENE BERGRÜCKEN**
Die durch Hitze und Lavaaustritte aufgeworfenen mittelozeanischen Rücken durchziehen ganze Ozeane. Der Mittelatlantische Rücken, hier in der Karte von Heezen und Tharp zu sehen, durchkreuzt den Atlantik vom Nord- bis zum Südpolarmeer. Die höchsten Gipfel erreichen 4000 m Höhe, liegen aber immer noch 2000 m unter dem Meeresspiegel.

@▶▶ Gräben

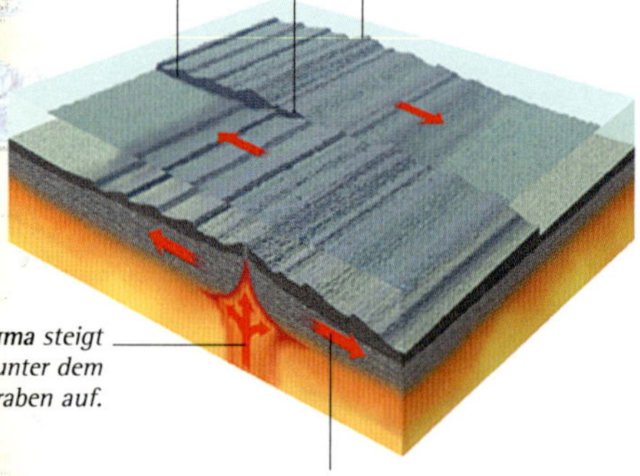

◀ **TRANSFORMSTÖRUNGEN**
Mittelozeanische Rücken werden in der Regel von langen Transformstörungen in Querstücke zerteilt. In der Karte (links) fallen diese Störungen sofort auf. Grund sind unterschiedliche Driftgeschwindigkeiten der Platten. Zu beiden Seiten einer Transformstörung bewegt sich der Ozeanboden also unterschiedlich schnell. Es kommt zu Reibungen, die sich in Seebeben äußern.

◀ **ÖFFNUNG DES ATLANTIK**
Der Verlauf des Mittelatlantischen Rückens zeichnet ziemlich genau die Küstenlinien Afrikas und Amerikas nach – nicht zufällig, denn vor 130 Mio. Jahren waren beide Kontinente noch zusammen, bis ein Grabenbruch zwischen ihnen aufriss (links). Es bildete sich neue ozeanische Kruste und ein schmaler Meeresarm öffnete sich, der sich allmählich zum Atlantischen Ozean weitete.

▲ HERVORQUELLENDE LAVA
Basaltlava von rund 1000° C dringt durch Spalten im Boden des Zentralgrabens empor, tritt aus und trifft auf eiskaltes Meerwasser. Die Oberfläche erstarrt schlagartig zu einer Kruste. Durch die Kruste hindurch tritt Lava aus und bildet eine Vielzahl gerundeter Lappen. Wenn sie fest sind, sehen sie wie schwarze Kissen aus – daher ihr Name Kissenlava. Auch an Land findet man Kissenlava: auf Meeresboden, der über Meeresniveau angehoben wurde.

SCHWARZE RAUCHER ▶
Meerwasser, das in die tiefen Spalten des Zentralgrabens eingedrungen ist, wird vom heißen Umgebungsgestein erhitzt. Der hohe Druck in dieser Tiefe verhindert, dass es kocht und verdampft. Es überhitzt sich stattdessen auf über 400° C, bevor es durch eine offene Spalte andernorts hervorschießt. Gelöste Metalle und Salze färben das hydrothermale Wasser schwarz, deswegen heißen diese Quellen »Schwarze Raucher«.

Überhitzte Chemikalien quellen wie Ruß hervor und vermischen sich mit dem kalten Meerwasser.

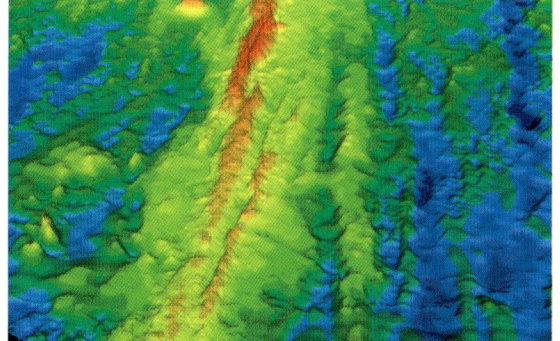

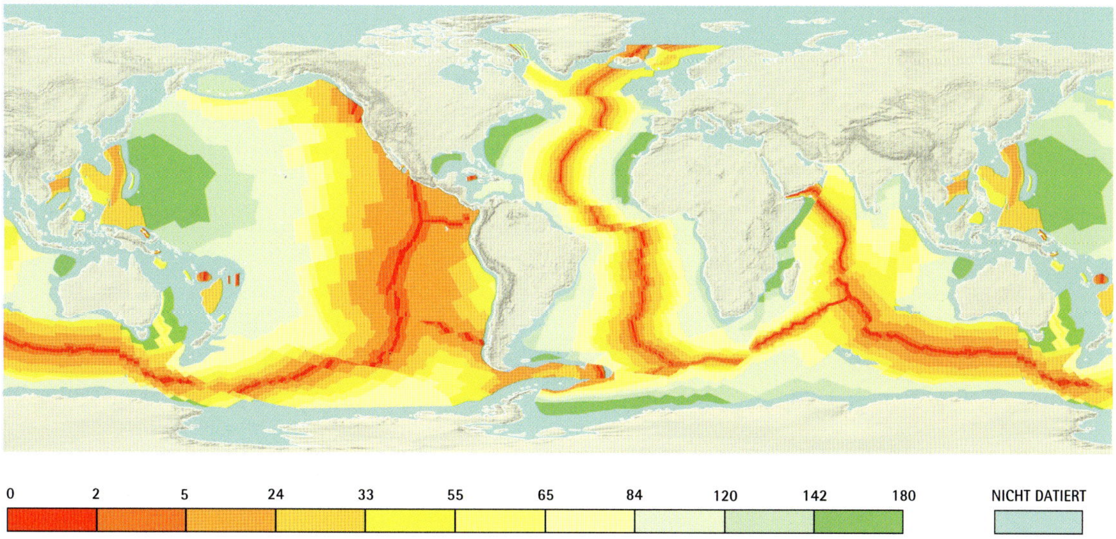

▲ OSTPAZIFISCHER RÜCKEN
Während sich der Mittelatlantische Rücken um 4 cm pro Jahr ausbreitet, sind andere Rücken schneller. Der Ostpazifische Rücken südlich von Mexiko, hier als Sonarbild gezeigt, schafft 22 cm im Jahr. Trotz dieser erhöhten Aktivität ist er niedriger, denn das Gestein unter dem Rücken ist heißer und dünnflüssiger, sodass sich keine so hohen Gipfel bilden können. Der Zentralgraben ist mit Unterwasservulkanen und vielen hydrothermalen Schloten übersät.

◀ ALTER DER OZEANBÖDEN
Die Ozeanböden »wandern« von ihrem Entstehungsort, den mittelozeanischen Rücken, langsam zu beiden Seiten weg, weil aus dem Zentralgraben ständig Material nachkommt. Direkt am Rücken sind die Gesteine des Ozeanbodens am jüngsten. Das älteste Ozeanbodengestein ist 180 Mio. Jahre alt. Die ältesten Kontinentalgesteine sind dagegen 3800 Mio. Jahre alt. Auf der Karte ist das Alter der Ozeanböden (in Mio. Jahren) dargestellt.

0　2　5　24　33　55　65　84　120　142　180　NICHT DATIERT

HOT SPOTS UND SEAMOUNTS

Nicht jedes Stück Ozeanboden entsteht an mittelozeanischen Rücken. Im Erdmantel finden sich besonders heiße Ausbuchtungen, so genannte Mantel-Plumes, die weit entfernt von den Plattengrenzen der Erdkruste vorkommen. Sie münden in Hot Spots, heißen Lavaströmen, die sich durch die Kruste hindurch nach oben arbeiten und als Vulkan austreten. Wenn der Vulkan durch die Plattenbewegung vom Hot Spot wegwandert, erlischt er und macht Platz für einen neuen Vulkan über dem Hot Spot. Dieser Vorgang brachte Ketten vulkanischer Inseln hervor sowie tausende untermeerischer Vulkanberge, die Seamounts.

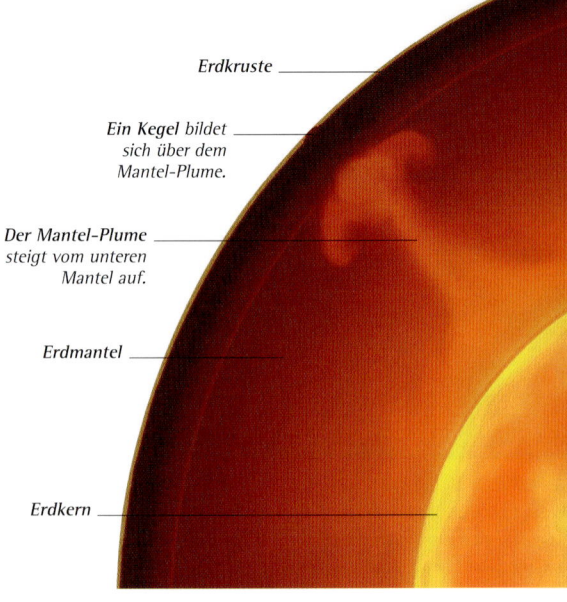

▲ **MANTEL-PLUMES**
Mantel-Plumes, an denen sich Hot Spots bilden, steigen tief aus dem Erdmantel, nahe dem Erdkern, auf. Auf ihrer Oberseite schieben sie die ozeanische Kruste kegelförmig auf – unter Hawaii z. B. 1000 km im Durchmesser und 1600 m hoch. Noch höher ist der daraufsitzende Vulkan.

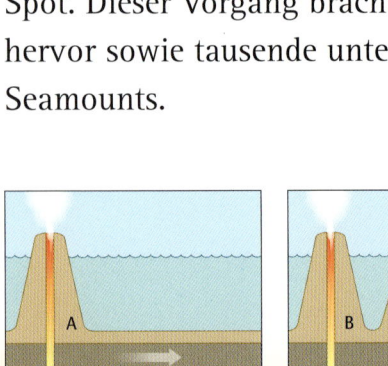
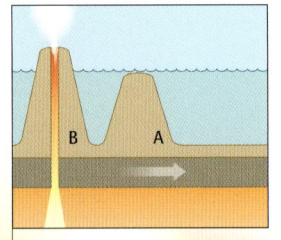
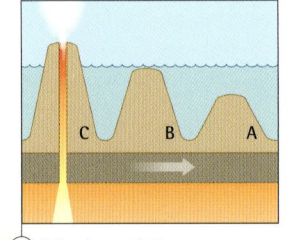

① *Der erste Vulkan bricht über dem Hot Spot aus.*
② *Er wandert mit der Platte weg und erlischt. Ein neuer Vulkan erscheint.*
③ *Erloschene Vulkane versinken, ein neuer bricht aus.*

◀ **VULKANKETTEN**
Ein Hot Spot »brennt« ein Loch durch die Erdkruste, ein Vulkan bricht aus (A). Die Plattenbewegung schiebt den Vulkan weg vom Hot Spot, er erlischt und sinkt langsam ab. Gleichzeitig erscheint ein neuer (B), der das gleiche Schicksal teilt, bis ein dritter ausbricht (C). Der älteste ist bereits versunken.

▲ **HAWAII**
Die Hawaii-Inseln, hier im Satellitenbild, sind das Ergebnis eines Hot Spots, der mit 9 cm pro Jahr von der Pazifischen Platte überfahren wird. Zurzeit befindet sich der ständig aktive Vulkan der südöstlichen Hauptinsel über dem Zentrum des Hot Spot. Die älteren Vulkaninseln im Nordwesten der Inselkette versinken langsam im Pazifik. Ihre Größe wird abnehmen, bis sie am Ende nur noch Seamounts sind.

◀ **FEUERFONTÄNEN**
Hawaiis Vulkane sind riesige Schilde, die vom Ozeanboden aufragen. Der größte, Mauna Loa, ist vom Fuß bis zum Gipfel höher als der Mount Everest im Himalaja. Kilauea, der Nachbarvulkan des Mauna Loa, ist der aktivste Vulkan der Erde. Er stößt pausenlos Fontänen glühender Basaltlava aus, die sich unter lautem Zischen als Feuerströme in den Pazifik ergießen.

WEITERE INSELN ÜBER HOT SPOTS

GALÁPAGOS
Diese Vulkaninseln liegen über einem Hot Spot im Ostpazifik. Ihr Alter nimmt nach Osten in Richtung Plattenbewegung zu. Nur die jüngeren im Westen sind vulkanisch aktiv. Ihre Fauna, z. B. diese Meerechsen, ist berühmt und einmalig.

OSTERINSELN
Diese berühmten Statuen sind aus verfestigter Vulkanasche, die drei Vulkane vor rund 3 Mio. Jahren ausschleuderten. Die dreieckige Insel ist seitdem von dem Hot Spot weggedriftet und die Vulkane sind erloschen.

▲ FEUER UND EIS
Die Vulkaninsel Island besteht aus riesigen Basaltmassen, die ein Hot Spot unter dem nördlichen Ausläufer des Mittelatlantischen Rückens ausgeworfen hat. Island hat viele aktive Vulkane – einer davon liegt unter Gletschereis. Grundwasser erhitzt sich vielerorts unter Druck auf weit über 100° C und schießt als überhitzter Wasserdampf in Geysiren in die Luft.

SEAMOUNTS UND GUYOTS ▶
Die meisten untermeerischen Vulkane erreichen nicht die Meeresoberfläche, wie das Sonarbild rechts zeigt. Einige dieser Seamounts waren Vulkaninseln, die aber untergingen. Von Wellen abgeflachte Seamounts heißen Guyots, benannt nach ihrem Entdecker Henry Guyot (1807–1884).

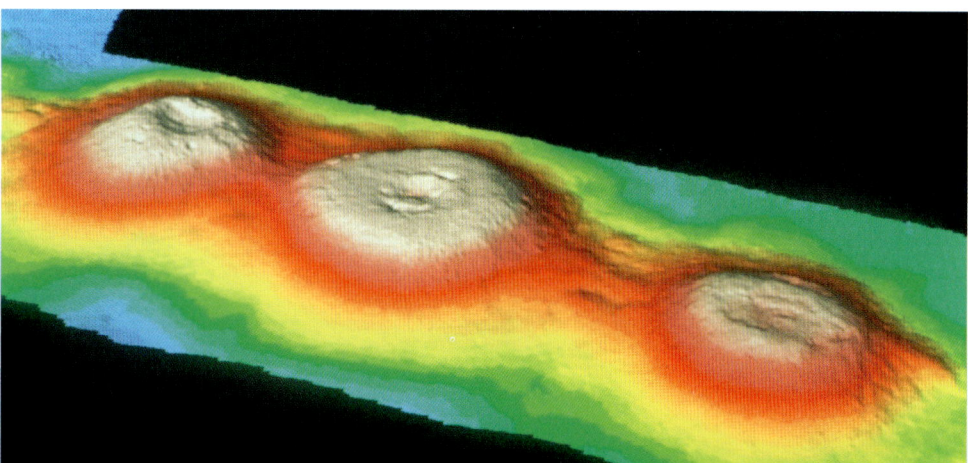

▶ SEAMOUNT-KETTEN
Viele Vulkane der Ozeanböden reihen sich zu langen Ketten auf, besonders häufig im Indischen Ozean. Sie bilden oft das Fundament für Korallenriffe wie etwa auf der Inselkette der Malediven.

TIEFSEERINNEN

Mit jedem Streifen neuen Ozeanbodens, der beiderseits eines mittelozeanischen Rückens anwächst, verbreitern sich manche Ozeane wie der Atlantik jedes Jahr – ohne dass die Erde größer würde. Wachsenden Ozeanböden stehen nämlich schrumpfende gegenüber, die an so genannten Subduktionszonen, die von Tiefseerinnen und Vulkangebirgen gesäumt werden, in den Mantel abtauchen. Dieser Vorgang erzeugt Erdbeben und Tsunamis.

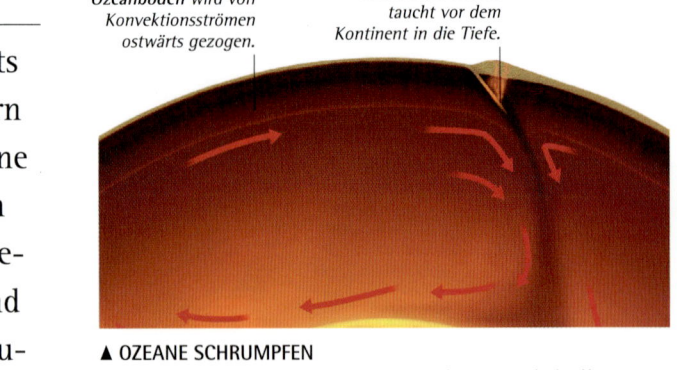

▲ OZEANE SCHRUMPFEN
Die an mittelozeanischen Rücken entstandene ozeanische Kruste wird von Konvektionsströmen im Mantel verschoben. Manche Ozeane werden in der Summe dadurch größer, andere wie der Ostpazifik, dessen Ostrand im Peru-Chile-Graben vor Südamerika abtaucht, schrumpfen. Hier wird die schwere ozeanische Platte unter die leichtere kontinentale Südamerika-Platte gezogen und zerstört.

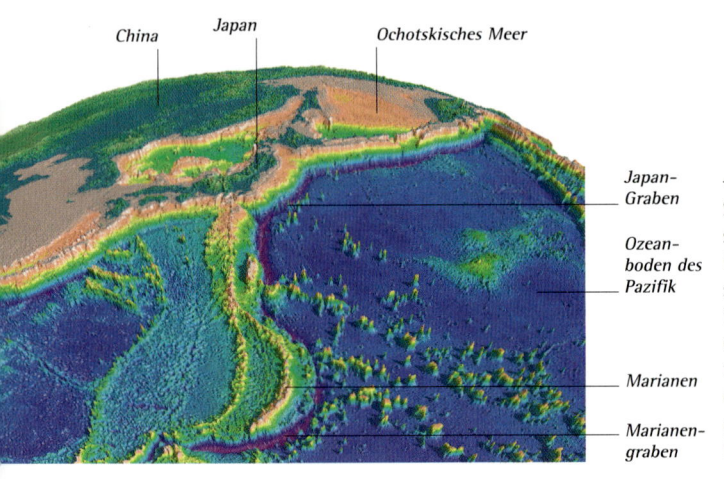

◄ UNTERMEERISCHE ABGRÜNDE
Subduktionszonen, in denen Ozeankruste zerstört wird, sind seeseitig durch Tiefseerinnen, landseitig durch Vulkaninseln oder -gebirge gekennzeichnet. Tiefseerinnen entstehen, wenn die ozeanische Platte durch abwärts gerichtete Konvektionsströme des Mantels in die heißen Tiefen des Erdinnern gezogen wird. Obwohl die Rinnen ganz oder teilweise mit Sedimenten verfüllt sind, sind manche bis zu dreimal so tief wie die umgebende Tiefsee. Der Marianengraben im Westpazifik ist rund 11 km tief und damit der tiefste Punkt der Erde.

◄ OZEANISCHE PLATTENGRENZE
Wenn sich eine ozeanische Platte unter eine andere schiebt, taucht sie in den heißen Mantel ein und schmilzt. Die Schmelze steigt empor und bricht in den darüberliegenden Vulkanen aus, die oft zu Inselbögen angeordnet sind.

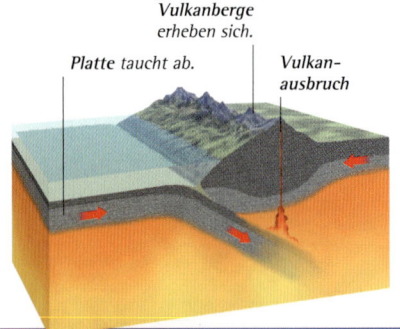

◄ KONTINENTALE PLATTENGRENZE
Wo Ozeanboden unter einen Kontinent abtaucht, wie westlich von Südamerika, faltet sich der Kontinentalrand zu einem Gebirge wie den Anden auf. Vulkane, die an ozeanischen Plattengrenzen Inselbögen bilden würden, brechen hier im Gebirge aus.

▲ VULKANISCHE INSELBÖGEN
Ozeanische Plattengrenzen werden von vulkanischen Inselbögen begleitet, wie hier im Satellitenbild der Aleuten im Nordpazifik zu sehen ist. Im Lauf der Zeit wachsen die Inseln zusammen und bilden lang gestreckte Inseln wie Java im Sunda-Bogen.

▲ GEBIRGSKETTEN
Junge Faltengebirge entlang kontinentaler Plattengrenzen, wie die gezeigten Anden, sind schroff und zerklüftet. Sie sind mit Vulkanen und Granit, einem Magmagestein, durchsetzt und führen häufig Kupfer- und Silbererze oder sogar Edelsteine.

◄ ERDBEBENGEBIETE
Alle Subduktionszonen sind stark erdbebengefährdet, weil entlang der Plattengrenze das Krustengestein plötzlich bricht und gewaltige Energien frei werden. Die Japanischen Inseln entlang des Japan-Grabens gehören zu den gefährlichsten Erdbebenzonen der Erde – hier bebt es bis zu tausendmal im Jahr. Alle paar Jahre ist ein Beben so stark, dass es zu großen Zerstörungen kommt, wie beim Kobe-Beben 1995.

DER PAZIFISCHE FEUERRING

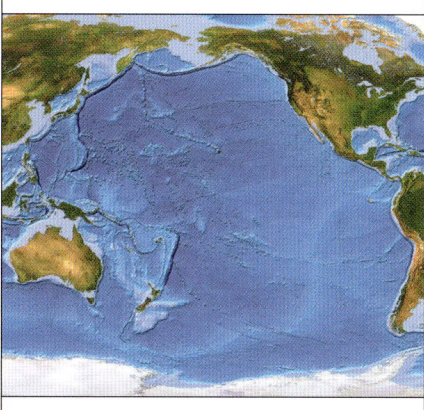

Das Satellitenbild zeigt, dass rund um den Pazifik von Neuseeland bis nach Südamerika Tiefseerinnen (dunkle Linien) und Vulkane die küstennahen Meere säumen. Die Vulkane bilden den Pazifischen Feuerring. Durch Subduktion der Pazifischen Platte schrumpft der Ozean um jährlich 2,5 km².

Die Explosion des Vulkans zerstäubt das Vulkangestein zu Asche.

▲ KATASTROPHALER AUSBRUCH
Die Lava der Vulkane an Subduktionszonen ist zäher als die basaltische Lava der mittelozeanischen Rücken. Wenn sie den Schlot verstopft, baut sich Druck auf. Explosive Ausbrüche sind die Folge, wie 1991 beim Pinatubo auf den Philippinen.

TSUNAMIS

Bei einem Erdbeben auf dem Meeresboden entstehen im Wasser schnell laufende Schockwellen, die Tsunami genannt werden. Im offenen Ozean sind die Wellen noch flach mit sehr großer Wellenlänge. In der Nähe der Küstengewässer werden die Wellen kürzer und bekommen hohe Kämme und tiefe Wellentäler. Läuft das Wellental auf den Strand zu, zieht sich zunächst das Wasser zurück, um mit dem nächsten Wellenkamm vernichtend zuzuschlagen.

▲ **SCHOCKWELLE**
Viele Erdbeben werden durch ruckartige Bewegung von Teilen der Erdkruste im Umfeld von Plattenrändern ausgelöst. So kann die abtauchende Ozeanplatte den Rand der anderen Platte so weit mitziehen, bis er plötzlich hochschnappt. Dadurch wird eine gewaltige Wassermasse hochgehoben, die einen Tsunami auslöst.

◄ **DEHNUNG – BRUCH – RUCK**
Alle Platten der Erdkruste sind in ständiger Bewegung. Gleiten sie gleichmäßig dahin, löst das nur leichte Erdbeben aus. Wenn sie sich jedoch verhaken, baut sich Spannung auf – bis zum Bruch. Bleibt die Platte beispielsweise an einer Stelle um 3 m hängen, so legt sie beim Bruch diese Strecke in nur wenigen Sekunden zurück. Dieser gewaltige Ruck löst ein Erdbeben aus.

▲ **AUSBREITUNG VON TSUNAMI-WELLEN**
Der Tsunami in Asien im Dezember 2004 wurde von einem untermeerischen Erdbeben (Seebeben) im Sunda-Graben vor Sumatra ausgelöst. Der Bruch war 1200 km lang, die obere Platte schnellte dabei bis zu 15 m hoch. Der Tsunami raste mit 800 km/h über den Indischen Ozean. Jeder Ring (oben) entspricht einer Stunde Fortbewegung.

▲ KATASTROPHALE ÜBERFLUTUNG

Sobald Tsunami-Wellen den Strand erreichen, bauen sie sich zu gewaltigen Wasserwänden auf, die alles in ihrem Weg wegspülen. Der Tsunami von 2004 in Asien traf mit voller Wucht auf die Nordwestküste Sumatras, tötete hier mindestens 100 000 Menschen und verwüstete die Küsten. Menschliche Siedlungen machte er dem Erdboden gleich. Nur die unbewohnte Natur erholte sich bald wieder.

Tsunami

▲ WRACKS AUF DEM TROCKENEN

Das Hochschnellen des Ozeanbodens, das einen Tsunami auslöst, hat drastische Folgen für Küstengebiete. Durch das schwere Alaska-Beben 1964 schob sich der pazifische Meeresboden innerhalb von drei Minuten unter Alaska und hob Teile der Küste um etwa 10 m an. Auch ein Riff wurde aus dem Wasser gehoben und mit ihm ein altes Wrack, das vorher halb unter Wasser lag.

▲ FRÜHWARNSYSTEM

Nachdem 1946 ein Tsunami Hawaii getroffen hatte, wurde im Pazifik ein Frühwarnsystem installiert, das vor künftigen Tsunamis warnen soll. Im Wasser treibende Bojen registrieren auffällige Wellen und übermitteln die Daten an das Pazifik-Tsunami-Warnzentrum in Hawaii. Zur Zeit des Tsunamis in Asien 2004 gab es im Indischen Ozean leider nichts Vergleichbares.

KÜSTENEROSION

Unermüdlich rollen die Meereswellen gegen die Küsten und tragen die Ränder der Kontinente langsam ab. Das Material wird auf dem Kontinentalschelf abgelagert. An Festgesteinsküsten entwickeln sich steile Kliffe, Höhlen und felsige Riffe. Der Abrieb wird die Küste entlang transportiert und häuft sich an geschützten Stellen als Sandbänke, Strände oder Wattflächen an. So verlieren die einen Küsten Anteile durch Erosion, während die anderen durch Strände und Sandbänke wachsen.

▲ KLIFFE
Weit aus dem Meer ragende felsige Küstengebiete werden von den Wellen zu Kliffen und Steilwänden erodiert. Sie erheben sich meist über Strandplattformen, die unter Wasser weit ins Meer reichen und zum inneren Kontinentalschelf zählen.

▲ HÖHLEN UND BÖGEN
Je höher ein Kliff aus dem Meer steigt, umso weniger wird es von den Wellen angegriffen. An solchen Steilküsten gibt es daher häufig große Brandungshöhlen und Felsbögen. Wenn durch Erosion einer der Stützpfeiler fällt, bricht der ganze Bogen ein.

▲ PFEILER
Die Überreste gefallener Felsbögen liegen oft als einzelne Stümpfe im flachen Wasser. Da sie meist aus sehr hartem Gestein bestehen, nimmt der Abstand zwischen ihnen und der Küste stetig zu, weil die Küste durch Erosion zurückweicht. Wegen ihrer Isolation bevorzugen Seevögel sie als sichere Nistplätze.

▲ DIE ENERGIE DER WELLEN
Auflaufende Wellen pressen das Meerwasser mit hohem Druck in Felsspalten, was die Felsklippen lockert und zerstört. Oft bleiben Höhlen stehen, die irgendwann einstürzen, was das Kliff weiter schwächt. Besonders Kliffküsten mit starken Winden und enormen Wellenbrechern sind dieser Erosionsform ausgesetzt. Wo es weichere, leichter erodierbare Gesteine gibt, entstehen Buchten zwischen härteren Gesteinen, die als Felsvorsprünge stehen bleiben.

◀ KIES- UND SANDSTRÄNDE
Der Schutt, den die Wellen losreißen, wird von der Brandung bearbeitet, zerkleinert und abgeschliffen. Je nach Größe entstehen Strände mit Blöcken, Kies oder Sand. Blöcke bleiben wo sie sind, aber alles, was kleiner ist, wird von Sturmfluten und Strömungen fortgerissen und an anderer Stelle, bevorzugt in Buchten, abgelagert. Dort schützt es den Strand vor Abtragung durch Sturmfluten.

STRÄNDE UND STRANDHAKEN

STRAND IN EINER BUCHT
Schräg auflaufende Wellen befördern Steine und Sand seitwärts. Dieser als Strandversatz bezeichnete Vorgang dehnt den Strand bis zur nächsten Landspitze aus. Durch Strandversatz sind herrliche Badebuchten wie die berühmte Copacabana bei Rio de Janeiro (Brasilien) entstanden.

GERADER STRAND
Gibt es an einem Strand keine felsigen Landspitzen, transportiert der Strandversatz das Strandmaterial parallel zur Küstenlinie – es bilden sich ungewöhnlich lange Strände wie hier in Südengland. Oft liegen vom Meer abgeschnittene Strandseen hinter dem Strand.

STRANDHAKEN
Manche Strände enden mit einer lang gezogenen Spitze, einem Strandhaken wie dem Clatsop Spit in Oregon (USA) oben im Bild oder dem »Darßer Ort« an der Ostsee. Auch Strandhaken sind Folge des Strandversatzes und können an Flussmündungen entlanglaufen.

@▶▶ Erosion

WATTGEBIETE ▶
Schlammteilchen, die ein Fluss vom Festland heranschafft, sinken im Mündungsgebiet zu Boden und setzen sich entlang der Küste als feinkörniges, nährstoffreiches Schlickwatt ab. Zusammen mit Sand können sie ein Flussdelta ins Meer hinaus bauen, das von vielen Nebenarmen mit weiteren Sedimenten versorgt wird. Dieses Satellitenbild zeigt das Delta des Ganges in Bangladesch.

TIEFSEE-EBENEN

Die Gesteine der Kontinente werden ständig durch Wind, Regen, Gletscher und Meereswellen abgetragen. Flüsse verfrachten Kies, Sand, Lehm und Ton in die Meere. Von den Flussmündungen breiten sich diese Sedimente fächerförmig weiter ins offene Meer hinein aus. Die größten dieser Tiefseefächer verformen durch ihr Gewicht sogar die Erdkruste. Die Sedimente stürzen durch Canyons den Kontinentalabhang hinab und lagern sich in dicken Lagen an seinem Fuß ab. Ein Teil breitet sich in die Tiefsee-Ebenen aus. Das sind weite, öde Flächen am Grund der Ozeane, die mit vom Wind herangewehten Staubteilchen, Schlamm, Steinen, Sand aus geschmolzenen Eisbergen und unzähligen Gehäusen winzigster Meeresorganismen, die nach ihrem Tod zu Boden sinken, bedeckt sind. Im Lauf der Zeit verhärten diese weichen Schlämme allmählich zu festem Tongestein und Millionen Jahre später können Bewegungen der Erdkrusten solche Gesteine an die Erdoberfläche drücken.

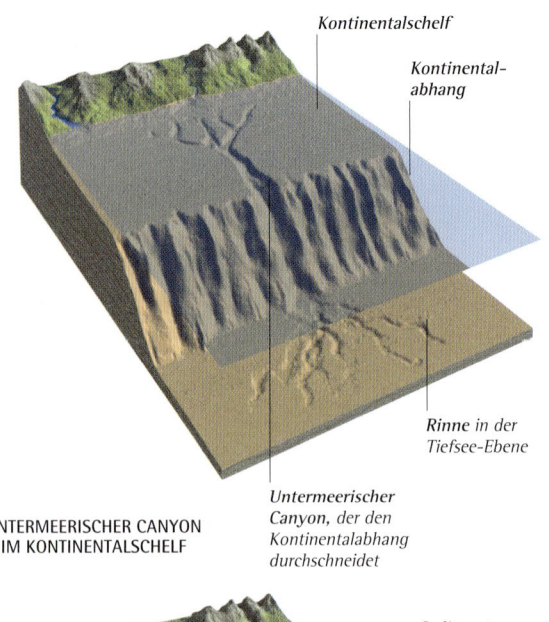

UNTERMEERISCHER CANYON IM KONTINENTALSCHELF

Kontinentalschelf
Kontinentalabhang
Rinne in der Tiefsee-Ebene
Untermeerischer Canyon, der den Kontinentalabhang durchschneidet

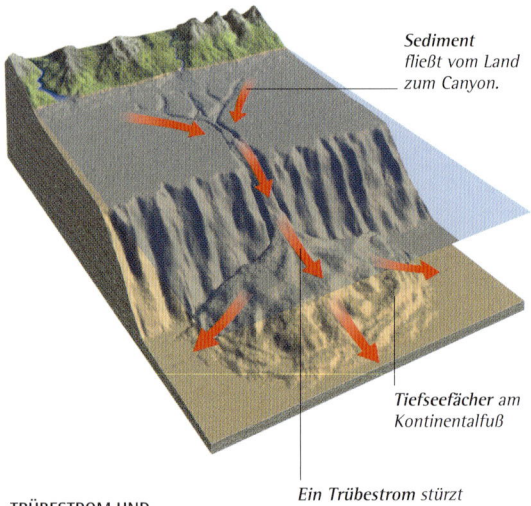

TRÜBESTROM UND TIEFSEEFÄCHER

Sediment fließt vom Land zum Canyon.
Tiefseefächer am Kontinentalfuß
Ein Trübestrom stürzt den untermeerischen Canyon hinab.

▲ **TRÜBESTRÖME UND UNTERMEERISCHE CANYONS**
Wenn Steine, Sand, Ton und Schlick als lawinenartige Sedimentwolken den Kontinentalabhang hinunterrasen, spricht man von Trübeströmen. Auslöser können Erdbeben oder Stürme sein. Diese dichten, schweren Sedimentlawinen fräsen tiefe Schluchten in die Ränder des Kontinentalschelfs, z. B. vor der Ostküste der USA mit 800 m tiefen Canyons. Vom Ende dieser Canyons breiten sich Fächer in die Tiefsee aus und verbinden so den Fuß des Kontinentalabhangs mit den weiten Tiefsee-Ebenen.

GLETSCHERFRACHT ▶
In den Polargebieten fließen Gletscher und Inlandeis der Küste zu. Als Fracht bringen sie große Massen an Gesteinsschutt mit, den sie vom festen Untergrund abgerissen und in sich aufgenommen haben. Manchmal ist das Eis davon grau bis schwarz gefärbt. Erreicht der Gletscher das Meer, löst er sich am Rand in Eisberge auf, die aufs Meer hinaustreiben und zu schmelzen beginnen. Dabei verlieren sie den mitgebrachten Schutt, der auf den Meeresgrund absinkt. So bildeten sich die großen Tiefsee-Ebenen rund um die Antarktis.

◀ SCHWEBSTAUB

Riesige Mengen an Staub aus der Luft landen im Meer und sinken langsam auf den Meeresboden, wo sie die Tiefsee-Ebenen als Schlamm bedecken. Ein großer Anteil des Staubs stammt von Vulkanausbrüchen, besonders von so gewaltigen wie dem Pinatubo-Ausbruch 1991 auf den Philippinen. Die Eruption des Tambora 1815 in Indonesien verdunkelte monatelang die Sonne und ließ 1816 das »Jahr ohne Sommer« folgen. Massen an Vulkanasche versanken im Meer. Staub wird auch aus Wüsten wie der Sahara ausgeweht, wie dieses Satellitenbild von Westafrika zeigt. Die Staubstürme wehen tausende Kilometer weit in den Atlantik hinaus.

Tiefsee-Ebenen

◀ BIOGENER SCHLAMM

Tiefseeschlämme enthalten auch die Skelette mariner Mikroorganismen wie dieser Diatomeen. Da sie sich in sehr großen Tiefen auflösen, bestehen die Sedimente der tiefsten Ozeanbecken meist aus feinem Ton, der durch Eisenoxid rot gefärbt ist.

SEDIMENTGESTEINE

Im Lauf von Jahrmillionen verfestigen sich die weichen Sedimente der Ozeanböden zu Gestein, in dem vielerlei Informationen zu seiner Entstehung gespeichert sind. In den meisten Fällen sind tierische Fossilien in den Schichten eingebettet wie diese Turmschnecken-Gehäuse in Kalkstein. Jedes Sediment ergibt ein bestimmtes Gestein: Kalkschlamm erhärtet zu Kalkstein oder Kreide, Sand zu Sandstein und Ton zu Tonstein. Die Kadaver abgestorbener Organismen zersetzen sich manchmal unter Luftausschluss langsam zu organischen Stoffen, die unter erhöhtem Druck und Hitze zu Erdöl und Erdgas umgewandelt werden. So können wertvolle Lagerstätten entstehen.

SCHWANKENDER MEERESSPIEGEL

Der Meeresspiegel kann steigen oder fallen. Gletscher und Inlandeis entziehen dem Meer während einer Eiszeit große Wassermassen, der Meeresspiegel fällt. Schmilzt das Eis, steigt er wieder an. Gleichzeitig hebt sich das Land wegen der Gewichtsentlastung. Auch die Bewegung der Platten kann zu Hebungen führen. Daher finden sich Gesteine des Meeresbodens in allen Gebirgen der Erde und viele Küsten zeigen Spuren abgesunkenen Landes.

KREIDEKALK

Der reinweiße Kalkstein namens Kreidekalk setzt sich aus unzähligen Gehäusen mariner Mikrofossilien zusammen. Es waren vor allem die Coccolithophoriden der Kreidezeit, die vor rund 100 Mio. Jahren tropische Meere bevölkerten und deren Kalkgehäuse, die Coccolithen, sich zu Kalkschlamm anreicherten. Durch Entwässerung verfestigte er sich und bildete bis zu 400 m dicke Kreidekalkschichten, die nach Krustenhebungen heute die Kliffe Südenglands (unten) und auf Rügen zieren.

MIKROSKOPISCH KLEINE COCCOLITHEN

◀ **GEHOBENE GESTEINE**
An den Schichten herausgehobener Sedimentgesteine sieht man gut, wie das Gestein einst abgelagert worden ist. Eingebettete Fossilien verraten das Alter. An dieser Felsküste legten Krustenbewegungen die Schichten in Falten.

Meeresspiegel

▶ **VERSUNKENES LAND**
Nach der letzten Eiszeit stieg der Meeresspiegel etwa auf das heutige Niveau an und überflutete küstennahes Land. Auch tiefe, U-förmige Gletschertäler versanken im Meer – als steile Fjorde, wie hier in Norwegen, zeugen sie von diesen Prozessen.

TROCKENE RIFFE ▶
In vielen Gebieten der Tropen liegen ehemalige Korallenriffe heute als Kalksteinplateaus auf dem Trockenen. Eine der größten Plattformen ist der Norden Yukatáns in Mexiko. Da der Regen im löchrigen Kalkstein versickert, gibt es hier nur unterirdische Flüsse und Seen in den zahllosen Karsthöhlen. Viele Höhlendächer sind eingestürzt und geben über diese *Cenotes* genannten Karstseen Einblick in den Untergrund.

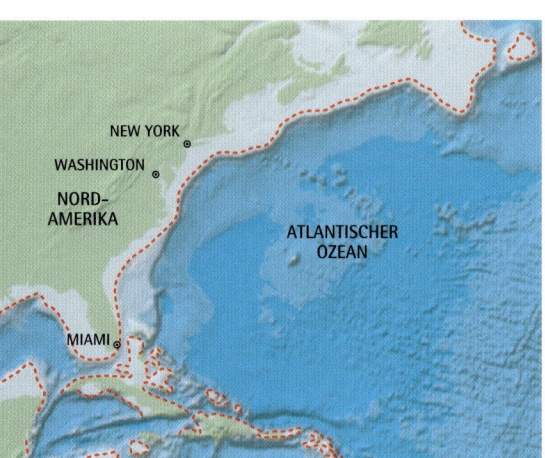

◀ VERSCHWUNDENES MEER
Während der letzten Eiszeit vor rund 20 000 Jahren lag der Meeresspiegel etwa 120 m niedriger als heute, weil viel Wasser im Gletschereis gebunden war. Die Kontinentalschelfe fielen damals großteils trocken, das Land war viel größer. Diese Karte zeigt die damalige Küstenlinie (rot) des Westatlantik. Tiere und Menschen besiedelten Land, das heute Meer ist. Fischer finden mitunter Überreste der einstigen Siedlungen in ihren Netzen.

▲ LANDHEBUNG DER NACHEISZEIT
Mit dem Abschmelzen der Gletscher gegen Ende der letzten Eiszeit stieg der Meeresspiegel wieder an. Damit hoben sich viele Landmassen, die vom Gewicht der Eismassen befreit waren. Hinweise darauf sind heute hoch liegende Strandterrassen wie hier in Wales.

MEERWASSER

Fast das gesamte Wasser der Ozeane kommt ursprünglich aus dem Erdinnern. Vulkane stießen es als Wasserdampf in der Frühzeit unseres Planeten aus. Bei allmählich abkühlender Atmosphäre kondensierte er und lief in den globalen Senken als Ozeanwasser zusammen. Dieses Meerwasser ist angereichert mit gelösten Gasen und Ionen, darunter solche, die es salzig machen. Es enthält auch Moleküle, die darauf schließen lassen, dass in den Ozeanen einst organisches Leben begann.

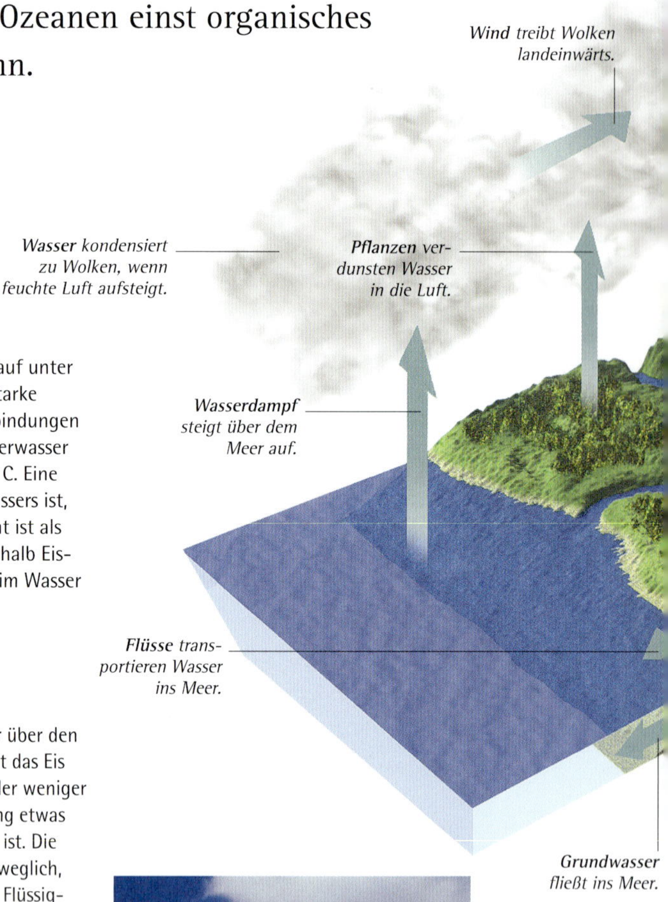

▲ DIE NATUR DES WASSERS
Wassermoleküle bestehen aus einem Wasserstoff- und zwei Sauerstoffatomen. Die schwache Wasserstoffbrückenbindung hält die Moleküle als Flüssigkeit zusammen. Wenn Wasser kocht, löst sich die Brückenbindung und die Moleküle entweichen als Wasserdampf. Bei tiefen Temperaturen gefrieren sie zu festem Eis. Die drei Zustände treten nur bei Wasser gleichzeitig und am selben Ort auf.

◀ EIS
Kühlt reines Wasser auf unter 0°C ab, bilden sich starke Wasserstoffbrückenbindungen und Eis entsteht. Meerwasser gefriert erst ab −1,8°C. Eine Besonderheit des Wassers ist, dass Eis weniger dicht ist als flüssiges Wasser, weshalb Eiswürfel und Eisberge im Wasser schwimmen können.

◀ WASSER
Steigt die Temperatur über den Gefrierpunkt, schmilzt das Eis zu Wasser, das trotz der weniger festen Molekülbindung etwas dichter und schwerer ist. Die Moleküle sind frei beweglich, daher ist Wasser eine Flüssigkeit. Die molekularen Anziehungskräfte sind aber stark genug, damit sich Wasser zu Tropfen zusammenziehen kann.

◀ WOLKEN
Ab 100°C kocht Wasser und verdampft zu Wasserdampf, einem Gas. Die Wassermoleküle lösen sich und bewegen sich frei in der Luft. In geringem Maß geschieht das auch bei niedrigen Temperaturen, daher verdunstet Wasser aus den Ozeanen. Dieser Wasserdampf kann zu Wolken kondensieren.

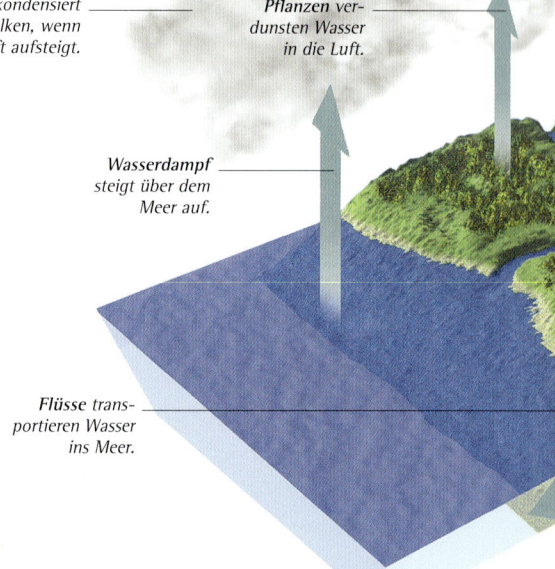

▲ WASSER AUS VULKANEN
Fast das gesamte Wasser auf der Erde stammt vermutlich aus Vulkanen, die bei der Entstehung der Erde vor über 4,5 Mrd. Jahren aktiv wurden. Gase und Wasser aus diesen Vulkanen schufen die Uratmosphäre, in der der Wasserdampf zu Regen kondensierte und allmählich die ersten Ozeane füllte. Vor etwa 4 Mrd. Jahren war die Erde großflächig von Meeren bedeckt.

◄ WASSER AUS DEM ALL
Kometen, die regelmäßig das Sonnensystem durchfliegen, sind Körper aus Eis und Staub. Man nennt sie deshalb auch »schmutzige Schneebälle«. Im Lauf der Erdgeschichte schlugen viele Kometen auf der Erde ein und brachten ihr schmelzendes Eis in den Wasserkreislauf ein. Manche Wissenschaftler vermuten, dass mitreisende organische Moleküle das erste Leben auf der Erde in Gang brachten.

Wasser fällt als Schnee.

Gefrorenes Wasser bildet Gletscher.

Wasser regnet herab.

Wasserdampf steigt über Seen auf.

▼ CHEMISCHE INHALTSSTOFFE
Im Wasser sind Mineralstoffe und Gase gelöst. Dazu gehören Kohlenstoff, Sauerstoff, Stickstoff, Phosphor, Kalzium und Eisen. Sie sind lebenswichtig für Meerestiere wie diese Languste, die sie zum Aufbau der Körperzellen und als Energieträger für den Stoffwechsel nutzen. Viele dieser Stoffe sinken zum Meeresboden ab, wo sie durch Strömungen aufgewirbelt werden.

◄ WASSERKREISLAUF
Das von der Sonne angewärmte Wasser verdunstet von der Meeresoberfläche, steigt als Wasserdampf in die Luft auf, kühlt ab und kondensiert zu Wolken. Aus den Wolken fällt Regen auf Ozeane und Landmassen. Vom Land fließt das Wasser in Flüssen zurück ins Meer und lädt dort mitgeführte Mineralstoffe, Salze, Sand, Tonteilchen und Schlamm ab.

Sickerwasser wird zu Grundwasser.

Flüsse folgen dem Gefälle.

▼ DAS SALZ IM MEER
Alles Wasser, das in Flüssen zum Meer fließt, enthält gelöste Mineralstoffe oder Salze. Der Salzgehalt der Flüsse ist so gering, dass er uns nicht auffällt. Erst in Wüstengebieten, wo durch Verdunstung der Salzgehalt zunimmt, können sich Salzkrusten abscheiden, wie hier am Ufer eines Salzsees. Auch in den Ozeanen hat sich der Salzgehalt allmählich bis zum heutigen Niveau erhöht. Das vorherrschende Salz ist Natriumchlorid (NaCl), das Stein- oder Kochsalz.

WÄRME UND LICHT

Die Sonne erwärmt die Ozeane, in den Tropen weit mehr als in den Polargebieten. Meeresströmungen sorgen für weltweiten Temperaturausgleich, der die Polarmeere wärmt und die Tropenmeere kühlt. Meerwasser ändert seine Temperatur nur langsam, weshalb es nie so heiß oder kalt wie an Land wird – selbst Meereis ist wärmer als Gletschereis im Gebirge. Nur in der Tiefsee, in die weder Licht noch Wärme vordringen, ist es immer kalt und dunkel.

An den Polen ist die Dichte der Sonnenstrahlen gering.

In den Tropen ist die Dichte der Sonnenstrahlen hoch.

ERWÄRMUNG DER OZEANE ▶
In den Tropen treffen die Sonnenstrahlen am steilsten auf die Erde und erwärmen die Meere auf 30°C und mehr. In Richtung Pole verteilen sich die Strahlen auf eine größere Fläche, was die Strahlungsintensität verringert. Im Winter erhalten die Polarmeere so wenig Sonne, dass sie zufrieren und riesige Meereisflächen entstehen.

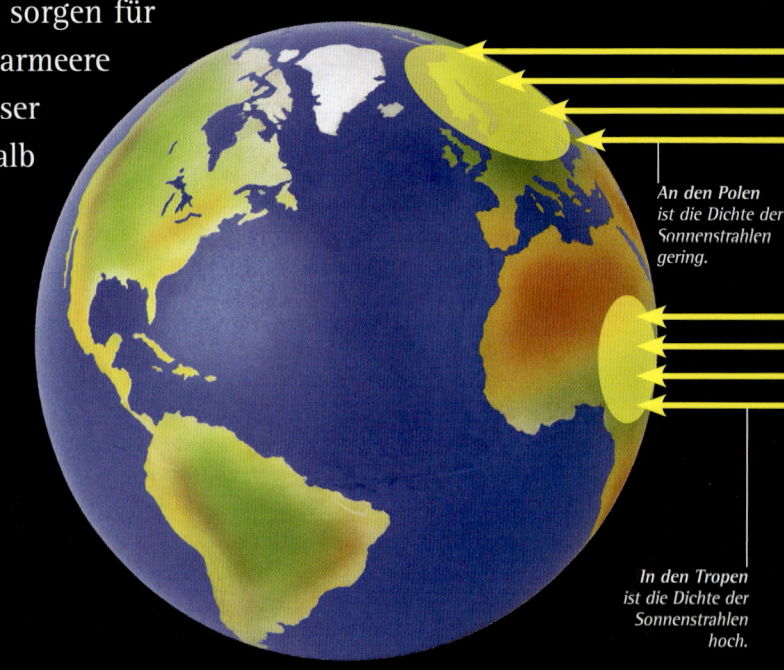

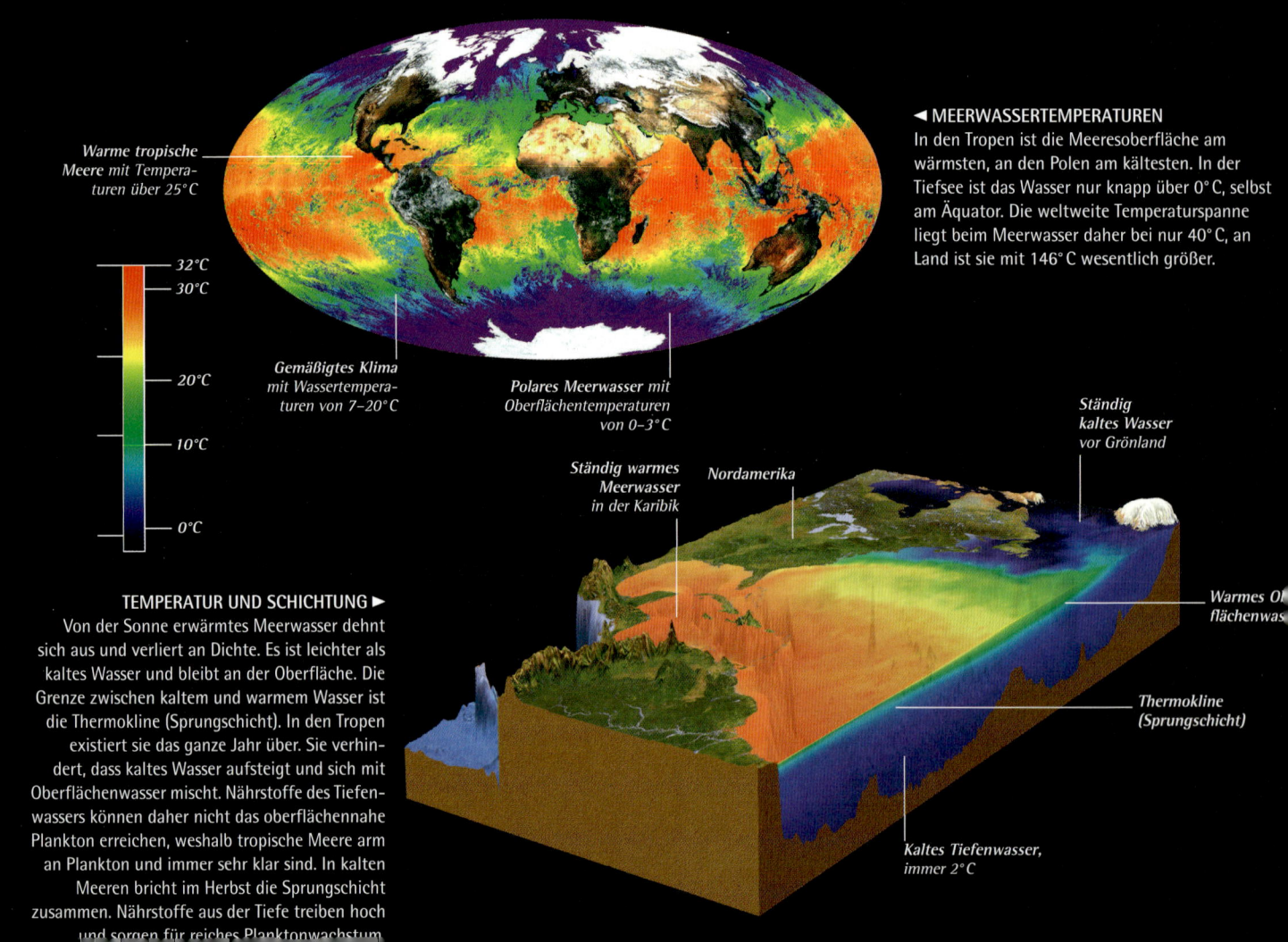

Warme tropische Meere mit Temperaturen über 25°C

32°C
30°C
20°C
10°C
0°C

Gemäßigtes Klima mit Wassertemperaturen von 7–20°C

Polares Meerwasser mit Oberflächentemperaturen von 0–3°C

◀ MEERWASSERTEMPERATUREN
In den Tropen ist die Meeresoberfläche am wärmsten, an den Polen am kältesten. In der Tiefsee ist das Wasser nur knapp über 0°C, selbst am Äquator. Die weltweite Temperaturspanne liegt beim Meerwasser daher bei nur 40°C, an Land ist sie mit 146°C wesentlich größer.

Ständig warmes Meerwasser in der Karibik

Nordamerika

Ständig kaltes Wasser vor Grönland

Warmes Oberflächenwasser

Thermokline (Sprungschicht)

Kaltes Tiefenwasser, immer 2°C

TEMPERATUR UND SCHICHTUNG ▶
Von der Sonne erwärmtes Meerwasser dehnt sich aus und verliert an Dichte. Es ist leichter als kaltes Wasser und bleibt an der Oberfläche. Die Grenze zwischen kaltem und warmem Wasser ist die Thermokline (Sprungschicht). In den Tropen existiert sie das ganze Jahr über. Sie verhindert, dass kaltes Wasser aufsteigt und sich mit Oberflächenwasser mischt. Nährstoffe des Tiefenwassers können daher nicht das oberflächennahe Plankton erreichen, weshalb tropische Meere arm an Plankton und immer sehr klar sind. In kalten Meeren bricht im Herbst die Sprungschicht zusammen. Nährstoffe aus der Tiefe treiben hoch und sorgen für reiches Planktonwachstum.

◤ LICHT UND FARBE

Selbst in seichten Gewässern dominiert die Farbe Blau. Der Grund ist, dass Wasser alle anderen Farbanteile des Sonnenlichts schluckt. Zuerst verschwindet Rot, dann Gelb, Grün und Violett, bis nur noch Blau übrig bleibt. Mit zunehmender Tiefe geht auch Blau allmählich in totale Dunkelheit über. Organismen, die zum Leben Sonnenlicht brauchen, wie etwa das Plankton, können nur in den obersten 200 m des Meeres existieren.

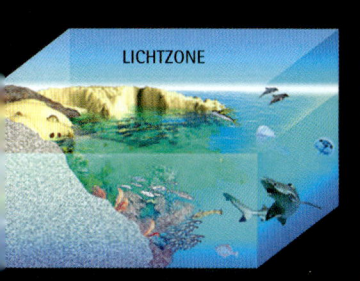

LICHTZONE

DÄMMERUNGSZONE

DUNKELZONE

◀ LICHTZONEN

Die Filterung des Lichts erzeugt drei Bereiche. In der Lichtzone gedeihen Seegras, Algen und Plankton, von denen andere Tiere leben. Unterhalb 200 m Wassertiefe beginnt die Dämmerungszone, in der das Blau wie gedimmt wirkt. Die Zahl der Meerestiere ist deutlich geringer, wenngleich viele zum Jagen kurz hinabtauchen. Ab 1000 m Tiefe breitet sich die Dunkelzone aus, in der es kein Licht mehr gibt – außer dem Glimmen winziger Lichtpünktchen, die von den wenigen Tiefseebewohnern stammen.

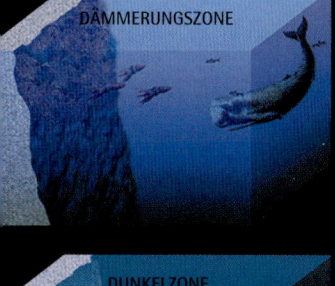

@ ▶▶
Wärme
und Licht

DRUCK

Das gewaltige Gewicht der ozeanischen Wassermasse erzeugt ungeheuren Druck am Meeresboden. An Land ist der Mensch einem Luftdruck von 1 Bar ausgesetzt. Schon 10 m Wassertiefe erzeugen 2 Bar, 20 m dann 3 Bar. In 3000 m Tiefe herrscht bereits das 400-Fache des normalen Luftdrucks. Taucher brauchen ab 50 m Wassertiefe spezielle druckfeste Tauchanzüge wie diesen. Bemannte U-Boote, die in große Tiefen absteigen, müssen sehr massiv gebaut sein, um das Tauchteam zu schützen. Sie werden stets in Kugelform, der stabilsten Bauweise, hergestellt.

▲ SCHALL

Schall pflanzt sich unter Wasser fünfmal schneller fort als in der Luft. Wale nutzen dies aus, um sich über große Strecken hinweg zu verständigen. Am schnellsten breitet sich Schall in rund 1000 m Wassertiefe aus, im so genannten SOFAR-Kanal. Jedes Geräusch, das hier erzeugt wird, ist in dieser Zone gefangen, weil es an seiner oberen und unteren Grenzschicht reflektiert wird. Durch diesen Effekt kann der Schall im SOFAR-Kanal unglaubliche Strecken von 25 000 km zurücklegen.

POLARMEERE

In den Polargebieten lässt die extrem kalte Luft das Meer gefrieren. Meereis sinkt nicht, sondern bleibt stets an der Oberfläche, denn es ist weniger dicht als Wasser. Es bedeckt große Gebiete der beiden Polarmeere und wird dort auch als Packeis bezeichnet. Im bitterkalten polaren Winter nimmt die Eisfläche deutlich zu, was Temperatur, Salzgehalt und Dichte des Ozeans beeinflusst. Im Sommer, wenn die Sonne 24 Stunden scheint, schmelzen große Eismassen. Dann durchflutet Sonnenlicht die Polarmeere und lässt das marine Leben erblühen.

▲ **EIS SCHWIMMT**
Wenn Wasser abkühlt, wird es dichter und schwerer und sinkt ab. Wird es zu Eis, wird es jedoch leichter und schwimmt, weil seine Moleküle ein lockeres Kristallgitter bilden, ähnlich wie Bienenwaben. Salz wird dabei nicht eingebaut, deshalb ist Meereis nie salzig.

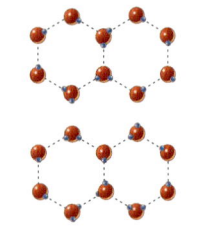

WASSERMOLEKÜLE GEFRIEREN ZU EINEM KRISTALLGITTER.

EISBILDUNG AUF DEM MEER

Wenn der Polarwinter naht, kühlt die Luft ab und lässt die Meeresoberfläche zu Meereis gefrieren. Aus der zunächst dünnen Eishaut wird, wenn Wind und Wellen sie nicht zerstören, eine Art Eisbrei. Wird es noch kälter, bildet sich eine dünne Eislage. Wind und Wellen zerteilen diese Schicht in viele kleine Schollen mit abgerundeten Rändern, das »Pfannkucheneis«.

Diese Schollen vereinigen sich schließlich zu einer festen Eisdecke, die den Winter über immer dicker wird. Im folgenden Sommer zerbricht sie wieder zu großen Tafeln, die von Wind und Strömung als Treibeis verdriften. Werden sie zu größeren Massen zusammen- und übereinandergeschoben, entsteht Packeis.

EISBREI

PFANNKUCHENEIS

PACKEIS

Polarmeere

▶ **EISBRECHER IM EINSATZ**
Im Nordpolarmeer schneiden im Winter mächtige Eisbrecher breite Fahrrinnen für Schiffe in die Eisdecke. Sie gleiten mit dem Bug auf das Eis und drücken es mit ihrem enormen Gewicht ein. Mit altem Packeis können sie es nicht mehr aufnehmen, deshalb wird versucht, das Eis in den Fahrrinnen dünn zu halten.

▲ **TREIBENDE EISSCHOLLEN**
In manchen Gebieten wie im zentralen Nordpolarmeer türmt sich Packeis häufig zu gefährlichen Kämmen und Rücken auf. Aber selbst diese dichten Massen sind in Bewegung. Als sich Ernest Shackletons (1874–1922) Schiff *Endurance* im Packeis des antarktischen Weddellmeers festfuhr, driftete es 1300 km mit dem Eis, bevor es zerbrach.

◀ **MEEREISFLÄCHEN**
Die antarktische Meereisfläche wächst von Sommer bis Winter von 4 auf 22 Mio. km² an. Das Nordpolarmeer ist im Winter großteils zugefroren, im Sommer schrumpft die Eisfläche auf 6 Mio. km² zusammen und umgibt nur noch den Nordpol.

UNTER DEM EIS

Wie eine Kälteisolierung schirmt Meereis das Wasser von extremer Kaltluft ab. Aber es ist darunter auch sehr dunkel, wegen des dunklen Polarwinters und weil kaum Licht ins Wasser dringt. Bei der Eisbildung ausgeschiedenes Salz macht das Wasser dichter, es sinkt ab und drückt nährstoffreiches Tiefenwasser zur Oberfläche empor, das vielen Tieren dort zugute kommt. Das absinkende Wasser treibt zudem Tiefwasserströmungen an und saugt warmes Oberflächenwasser in die Polargebiete.

▲ **EISBERGE**
Erreichen Gletscher das Meer, brechen riesige Eisbrocken ab und driften als Eisberge weg. Im Jahr 2002 brach vom antarktischen Schelfeis der Eisberg Larsen B mit 3200 km² Fläche ab – größer als das Saarland. Die meisten Eisberge sind viel kleiner. Da sich aber 90 % ihrer Masse unter Wasser befinden, sind sie größer als sie aussehen.

OZEANE UND ATMOSPHÄRE

Die Wärme der Sonne lässt Wasser über dem Meer verdunsten und als Wasserdampf aufsteigen. Dieser kühlt ab und kondensiert zu Wolken, aus denen es regnet. Dieser Vorgang ist am Äquator besonders ausgeprägt, wo jeden Tag heftige Gewitter aufziehen und Starkregen niedergeht. Die aufsteigende Luft wird ersetzt durch kühlere Luft, die aus dem Süden und Norden nachströmt. Dieser Ausgleich erzeugt Winde, die ständig über die tropischen Meere wehen. Die Erddrehung lenkt sie nach Westen ab. Winde, die von den gemäßigten Breiten zu den Polen wehen, werden dagegen nach Osten abgelenkt. Diese vorherrschenden Winde bestimmen das Wetter.

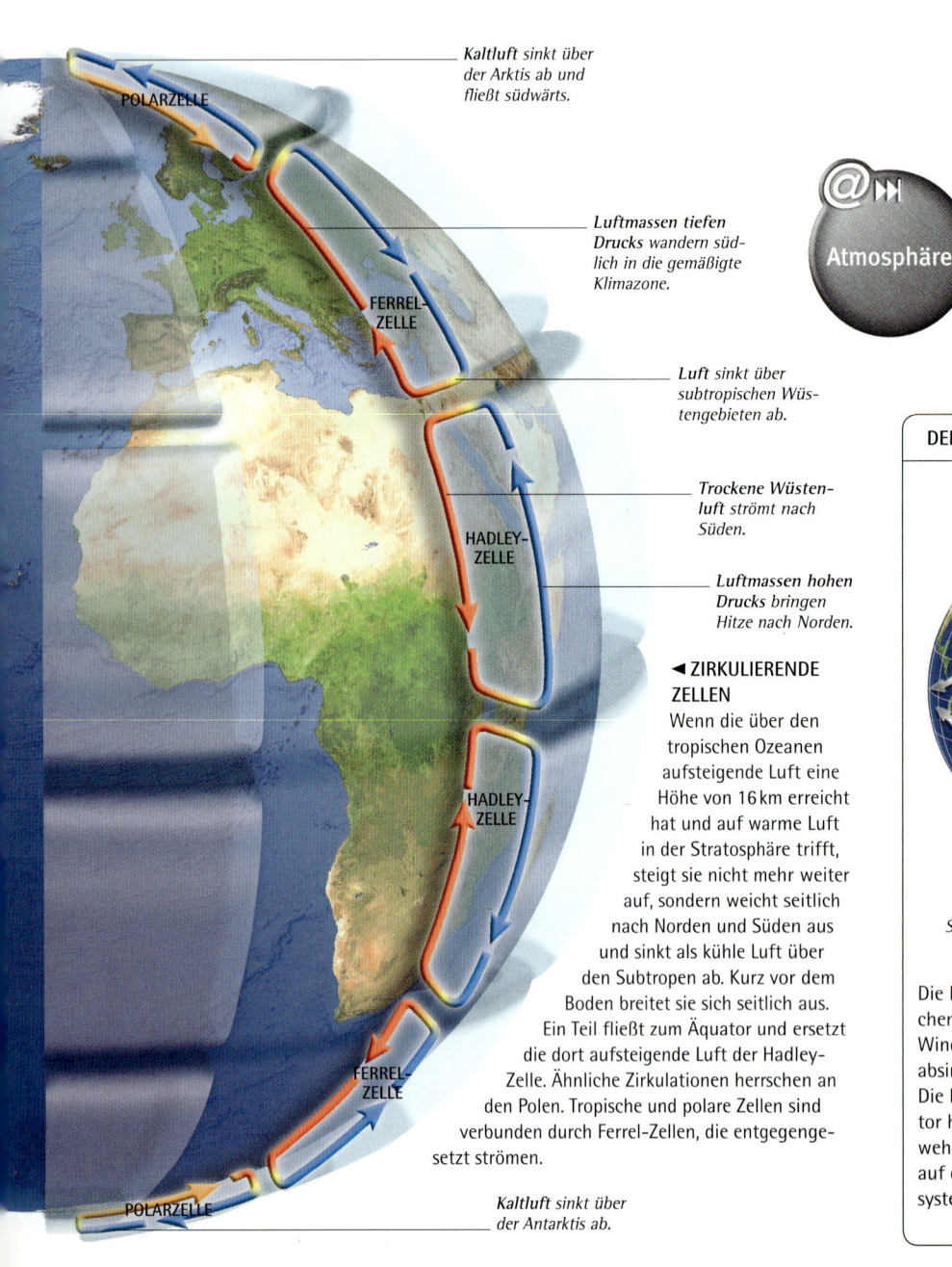

▲ **AUFSTEIGENDER WASSERDAMPF**
Rund 425 000 km³ Wasser verdampfen jedes Jahr über den Ozeanen. Der Wasserdampf vermischt sich mit Warmluft und steigt empor. Beim Aufstieg dehnt sich die nun feuchte Luft aus und kühlt ab. Das lässt den Wasserdampf zu winzigen Tröpfchen kondensieren. Es bilden sich Wolken, aus denen es regnet.

Kaltluft sinkt über der Arktis ab und fließt südwärts.

POLARZELLE

Luftmassen tiefen Drucks wandern südlich in die gemäßigte Klimazone.

FERREL-ZELLE

Luft sinkt über subtropischen Wüstengebieten ab.

Trockene Wüstenluft strömt nach Süden.

HADLEY-ZELLE

Luftmassen hohen Drucks bringen Hitze nach Norden.

◀ **ZIRKULIERENDE ZELLEN**
Wenn die über den tropischen Ozeanen aufsteigende Luft eine Höhe von 16 km erreicht hat und auf warme Luft in der Stratosphäre trifft, steigt sie nicht mehr weiter auf, sondern weicht seitlich nach Norden und Süden aus und sinkt als kühle Luft über den Subtropen ab. Kurz vor dem Boden breitet sie sich seitlich aus. Ein Teil fließt zum Äquator und ersetzt die dort aufsteigende Luft der Hadley-Zelle. Ähnliche Zirkulationen herrschen an den Polen. Tropische und polare Zellen sind verbunden durch Ferrel-Zellen, die entgegengesetzt strömen.

HADLEY-ZELLE

FERREL-ZELLE

POLARZELLE

Kaltluft sinkt über der Antarktis ab.

DER ROTIERENDE PLANET

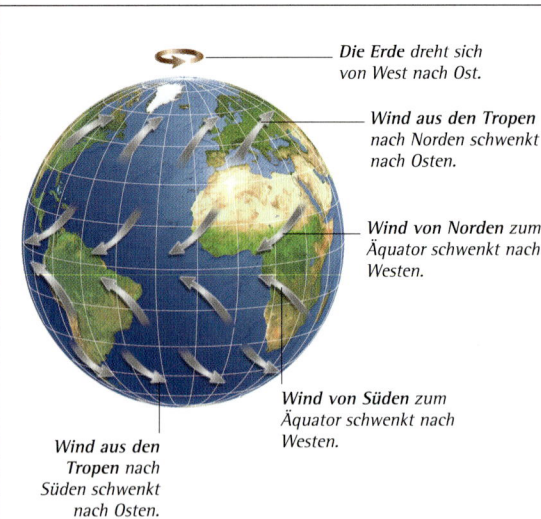

Die Erde dreht sich von West nach Ost.

Wind aus den Tropen nach Norden schwenkt nach Osten.

Wind von Norden zum Äquator schwenkt nach Westen.

Wind von Süden zum Äquator schwenkt nach Westen.

Wind aus den Tropen nach Süden schwenkt nach Osten.

Die Luftbewegungen in den unteren Zirkulationszellen verursachen die großen Windsysteme. Stünde die Erde still, würden die Winde genau nach Süden oder Norden wehen – weg von Zonen absinkender Luft und hin zu solchen mit aufsteigender Warmluft. Die Erddrehung verwirbelt die Luftmassen jedoch. Zum Äquator hin wehende Winde werden nach Westen, zu den Polen hin wehende Winde nach Osten abgelenkt. Diese Ablenkung beruht auf dem Coriolis-Effekt. Er bestimmt die vorherrschenden Windsysteme über den Ozeanen.

VORHERRSCHENDE WINDE

PASSATWINDE
Die sanften Brisen, die über den tropischen Ozeanen aus Nordost oder Südost wehen, nennt man Passatwinde. Schon vor Jahrhunderten nutzten Segelschiffe sie, um die Ozeane nach Westen zu überqueren. Um von Europa nach Amerika zu gelangen, segelten sie die Westküste Afrikas entlang nach Süden, bis sie auf den Nordostpassat trafen, der sie nach Amerika trieb.

WESTWINDE
Sie sind die Gegenspieler der Passate, denn sie wehen aus Südwest oder Nordwest und brachten die Segelschiffe aus Amerika wieder zurück nach Europa. Die Westwinde sind wesentlich stärker als die Passatwinde. Besonders im Süden, wo keine Kontinente die Luftströmungen behindern, wehen sie kräftig. Zwischen 40°S und 50°S sind sie so stark, dass sie auch »Die Brüllenden Vierziger« genannt werden.

POLARE OSTWINDE
Nahe den Polen wehen die Winde vom Eis weg und drehen nach Westen ab. Sie schieben das Treibeis westwärts um das Nordpolarmeer bzw. um die Küsten der Antarktis herum. Im Weddellmeer wirbelt diese Westdrift um die Antarktische Halbinsel und verfrachtet Eisberge in die Westwindzone hinein. Hier werden sie nach Osten weitertransportiert.

▲ DIE KALMEN
Gebiete mit auf- oder absteigenden Luftmassen sind windarm, häufig sogar windstill. Die Gebiete aufsteigender Luft nahe des Äquators heißen Kalmen. Segelschiffe saßen hier früher manchmal für Wochen in der Flaute fest.

▼ SEEKLIMA
Wo ständige Seewinde an die Küste wehen, tragen sie feuchte Luft heran. In Irland sorgen die Westwinde das ganze Jahr für feucht-gemäßigtes Klima. Das beschert der »Grünen Insel« saftige Weiden.

WIRBELSTÜRME

Wenn feuchte Warmluft über dem Meer auf kalte, dichte Luft stößt, schiebt sie sich über die Kaltluftmasse. Dabei entsteht ein Luftwirbel, ein Tiefdruckgebiet (Zyklone). Beim Aufstieg kühlt die feuchtwarme Luft ab und kondensiert zu Regenwolken. In den gemäßigten Breiten wandern diese Tiefs mit den Westwinden ostwärts und bringen feuchtes, windiges Wetter. In den Tropen kann die Hitze Wirbelstürme wie Taifune und Hurrikane verursachen.

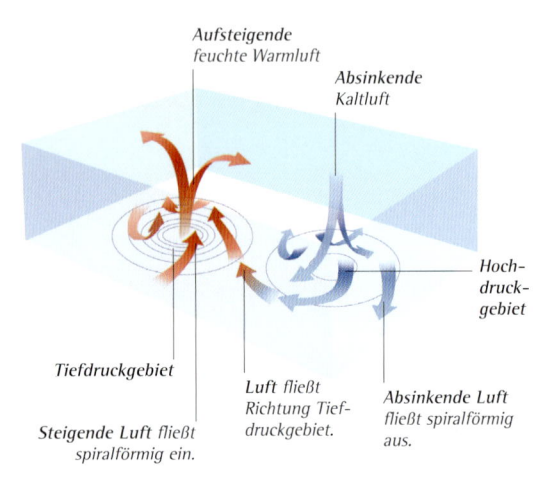

Aufsteigende feuchte Warmluft
Absinkende Kaltluft
Hochdruckgebiet
Tiefdruckgebiet
Steigende Luft fließt spiralförmig ein.
Luft fließt Richtung Tiefdruckgebiet.
Absinkende Luft fließt spiralförmig aus.

◀ **HOCHS UND TIEFS**
Kaltluft ist dichter und schwerer als Warmluft und sinkt ab. Durch den dadurch erzeugten hohen Luftdruck entsteht ein Hoch. Die Luft dreht sich seitlich spiralförmig weg – auf der Nordhalbkugel im Uhrzeiger-, auf der Südhalbkugel gegen den Uhrzeigersinn. Sie fließt zum nächsten Tiefdruckgebiet mit aufsteigender Luft, in das sie im entgegengesetzten Drehsinn einströmt, aufsteigt und kondensiert.

▲ **LUFTDRUCK UND WINDE**
Je höher der Druckunterschied zwischen einem Hoch und dem benachbarten Tief ist, desto schneller fließt Luft vom Hoch zum Tief. Starke Winde sind die Folge, besonders am Rand des Tiefs. Sie zirkulieren um den Kern des Tiefs, häufig auch gegen die vorherrschende Windrichtung, und peitschen als Orkane durch kühle Regionen wie den Nordatlantik.

▲ **WIRBELNDE TIEFDRUCKGEBIETE**
Das Wetter kühler Meeresregionen wird beherrscht von wirbelnden Tiefdruckgebieten. Viele entwickeln sich vor allem entlang der Polarfront, wo feuchte Luftmassen aus den Tropen auf trockene Kaltluft aus den Polargebieten stoßen. Die Tiefs ziehen stetig ostwärts und bringen Wind und Regen. Ähnliche, aber viel stärkere Tiefs entwickeln sich über warmen Tropenmeeren, wie hier in einem Satellitenbild über der Karibik zu sehen ist.

▲ GEWITTERWOLKEN

Steigt feuchte Warmluft auf, kühlt sie ab und der Wasserdampf kondensiert zu Wolken aus winzigen Wassertröpfchen. Dabei wird Wärme frei. Sie heizt die Luft in der Wolke auf und treibt sie damit weiter empor. Noch mehr Wasserdampf kondensiert, bis sich eine riesige Gewitterwolke aufbläht und sich in einem Starkregen entlädt.

▲ WASSERHOSE

Wenn sich aufsteigende Luft in einer Gewitterwolke dreht und zu einem Tornado wird, kann Wasser aus dem Meer hochgesaugt werden und eine Wasserhose entsteht. Wasserhosen sind schwächer als Tornados, aber sie können, wenn sie zusammenbrechen und das Wasser herunterfällt, Boote beschädigen.

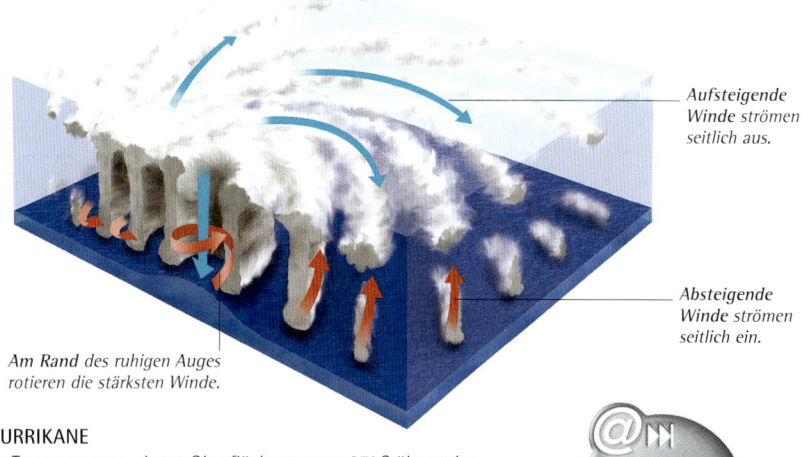

Aufsteigende Winde strömen seitlich aus.

Absteigende Winde strömen seitlich ein.

Am Rand des ruhigen Auges rotieren die stärksten Winde.

▲ HURRIKANE

Über Tropenmeeren, deren Oberflächenwasser 27° C übersteigt, verdunsten riesige Mengen Wasser, was zu einem extremen Tiefdruckgebiet führt. Die umgebenden Luftmassen strömen mit hoher Geschwindigkeit spiralförmig dem Zentrum zu und versetzen die sich bildenden Gewitterwolken in eine gewaltige Drehbewegung – ein Hurrikan mit Starkregen und extremen Winden ist entstanden.

@▸▸ Wirbel

STURMFLUT

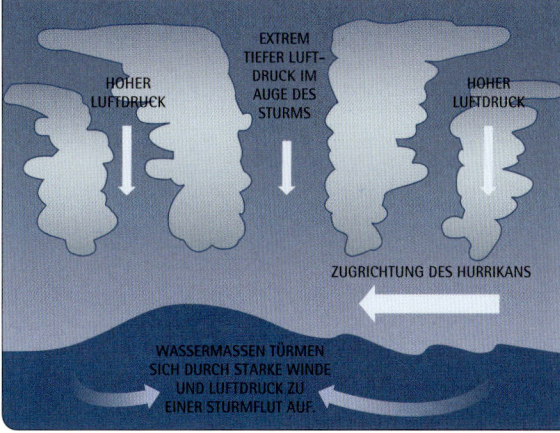

HOHER LUFTDRUCK — EXTREM TIEFER LUFTDRUCK IM AUGE DES STURMS — HOHER LUFTDRUCK

ZUGRICHTUNG DES HURRIKANS

WASSERMASSEN TÜRMEN SICH DURCH STARKE WINDE UND LUFTDRUCK ZU EINER STURMFLUT AUF.

Der Luftdruck im Auge des Hurrikans ist extrem niedrig. Hoher Luftdruck am Außenrand des Sturms und zusammenströmende Winde drücken Meerwasser zum Sturmzentrum hin. Dadurch türmt sich das Wasser zu einem Sturmflutberg, der zum Sturmzentrum vorauseilt. Nähert sich der Sturm der Küste, überschwemmt er wie ein Tsunami die Strände und kann dabei mit Wellenhöhen von über 10 m hereinbrechen. Genau das geschah im August 2005, als der Hurrikan Katrina die Großstadt New Orleans (USA) verwüstete.

WIND UND WELLEN

Die Wellen auf dem Meer werden vom Seewind hervorgerufen. Je stärker er weht, desto höher sind die Wellen. Mit dem zurückgelegten Weg wächst ihre Höhe. Die größten Wellen sind daher sehr weit, oft über ganze Ozeane, gereist. Sie haben große Zerstörungskraft, vor allem wenn sie gegen steile Felsküsten prallen und sogar Kliffe zum Einsturz bringen. Im offenen Meer richten sie wenig Schaden an, außer wenn sich bis zu 30 m hohe Monsterwellen auftürmen, die selbst große Schiffe zum Sinken bringen.

◄ WELLENENERGIE
Wellen entstehen durch Reibung, wenn der Wind über die Meeresoberfläche streicht. Oft bläst er einen Sprühnebel vor dem Wellenkamm her. Das Wasser selbst bewegt sich mit der Welle nicht vorwärts. Aber jedes Wasserteilchen rotiert mit der Welle vor und hinter ihr wieder zurück. Dadurch wird Energie weitertransportiert, die sich schließlich am Strand entlädt.

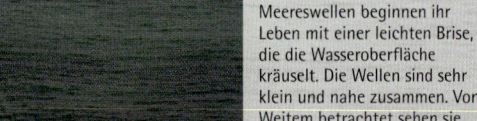

ENTWICKLUNG VON WELLEN

GEKRÄUSELTE SEE
Meereswellen beginnen ihr Leben mit einer leichten Brise, die die Wasseroberfläche kräuselt. Die Wellen sind sehr klein und nahe zusammen. Von Weitem betrachtet sehen sie aus wie schimmerndes Silber. Frischt der Wind auf, nehmen die Kräuselwellen an Größe zu.

KABBELIGE SEE
Die Wellen haben sich zu einer unruhigen, kabbeligen See mit einer Wellenhöhe von über 50 cm aufgeschaukelt. Die Wellenlänge schwankt zwischen 3 und 12 m. Alle Wellen beeinflussen sich gegenseitig zu einem chaotischen Seegang. Typisch für Meeresgebiete, in denen starke Winde die Wellen aufgepeitscht haben.

DÜNUNG
Die wilde, kabbelige See wandelt sich nach einem Sturm in geordnete Wellenzüge um. Auch herannahende Stürme verraten sich durch eine langwellige vorauseilende Dünung. Sie kann ganze Ozeane durchqueren. Die Dünung im Bild links läuft auf einem Strand aus.

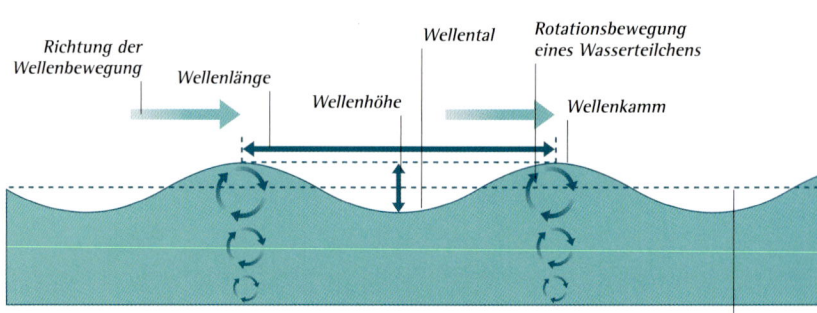

▲ WELLENLÄNGE UND WELLENHÖHE
Manche Wellen sind chaotisch, vor allem bei Sturm oder kreuzenden Strömungen. Die meisten Wellen jedoch bilden regelmäßige Wellenkämme und Wellentäler. Die Differenz zwischen Wellental und -kamm ist die Wellenhöhe. Die Strecke von einem Wellenkamm zum nächsten ist die Wellenlänge und die Zeit zwischen zwei Kammdurchgängen ist eine Periode.

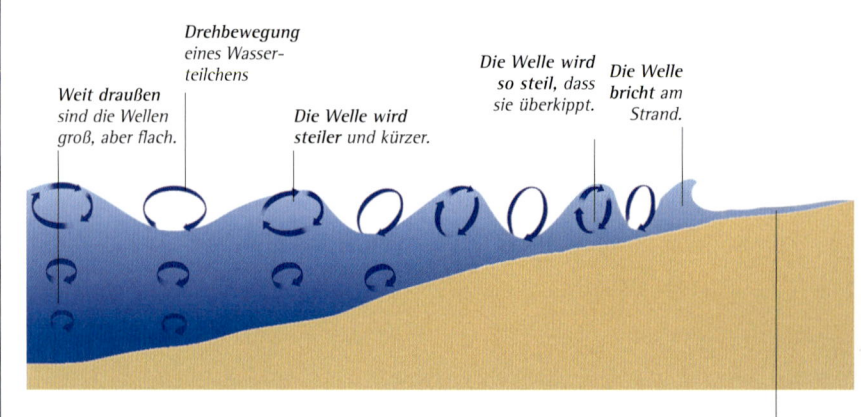

▲ BRECHENDE WELLEN
Nahe des Strandes ist das Wasser flach und anrollende Wellen werden abgebremst. Dadurch werden sie immer steiler und die Wellenlänge schrumpft. Je höher, umso instabiler wird eine Welle, um schließlich am Kamm überzukippen. Und je steiler eine Küste beschaffen ist, desto heftiger ist die Brandung. Dann spritzt es hoch auf und große Wassermassen schwappen an Land.

▲ SCHWERE BRECHER

Je länger Wellen unterwegs sind, desto größer werden sie. Die größten kommen im Südpolarmeer vor, wo starke Stürme sie rund um die Antarktis oder auch nach Norden in den Pazifik peitschen. Die Wellen können bis zu 18 m hoch werden, wenn sie auf Strände wie die von Hawaii auflaufen. Mit großem Getöse brechen sie in der Brandung.

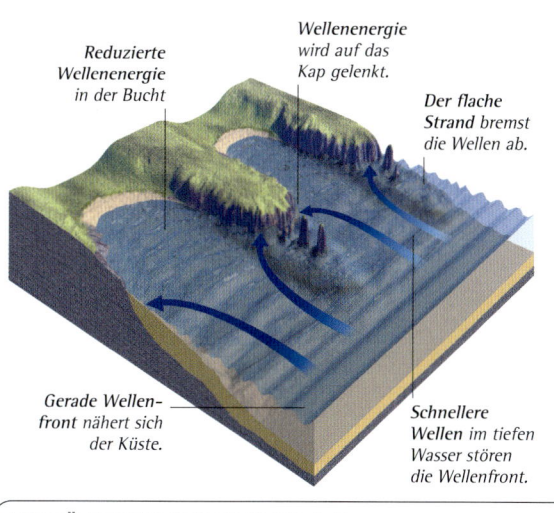

Reduzierte Wellenenergie in der Bucht

Wellenenergie wird auf das Kap gelenkt.

Der flache Strand bremst die Wellen ab.

Gerade Wellenfront nähert sich der Küste.

Schnellere Wellen im tiefen Wasser stören die Wellenfront.

◄ WELLENBEUGUNG

Die Wellen erreichen manche Küstenabschnitte früher als andere. Seichte Stellen bremsen sie ab und beugen die gerade Wellenfront zu Wellenbögen. Ein Teil der Wellenzüge wird von der Bucht weggelenkt und trifft auf die benachbarten Landspitzen.

ZERSTÖRERISCHE KRAFT DER WELLEN

Wenn Wellen brechen, stürzt ihre gesamte Masse mit Wucht auf den Strand. Während eines Sturms kann dabei eine Kraft von 30 Tonnen auf den Quadratmeter einwirken. An manchen Stränden nehmen die von Wellen aufgehäuften Kiesbänke die Energie auf und wirken wie ein natürlicher Brandungspuffer. Viele andere Küsten sind jedoch der Wucht der Brandung schutzlos ausgeliefert. Das geht manchmal so weit, dass ganze Siedlungen bedroht sind, wenn die Wellen den Grund, auf dem sie gebaut sind, wegspülen.

▲ MONSTERWELLEN

Auf offener See stellt selbst die stärkste Dünung keine Gefahr für die Schifffahrt dar. Holt jedoch ein schnellerer Wellenzug einen langsameren ein, dann können sich beide zu einem Wellenzug mit einigen sehr hohen Wellen addieren. Auch wenn sich die Wellenfronten zweier Stürme in einem Winkel treffen oder wenn starke Dünung gegen eine Meeresströmung aufläuft, kann es zum Auftürmen von Monsterwellen kommen. Die höchsten bisher gemessenen Wellenhöhen betrugen rund 30 m, Forscher rechnen jedoch mit Höhen bis zu 45 m. Viele Schiffe, die spurlos verschwanden, wurden vermutlich von Monsterwellen getroffen, so auch die MS *München*, die 1978 im Atlantik unterging.

GEZEITEN: EBBE UND FLUT

Küsten und Küstengewässer werden fast überall auf der Erde vom Rhythmus der Gezeiten beeinflusst. Sie sind die Folge der Schwerkraft des Mondes und der schwächeren der Sonne, die beständig auf die Weltmeere einwirken. Auch die Küstenform spielt eine Rolle dabei, wie Ebbe und Flut sich auswirken: An manchen Küsten bestehen sehr große Gezeitenunterschiede, an anderen fast gar keine.

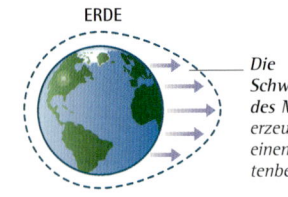

ERDE

Die Schwerkraft des Mondes erzeugt einen Gezeitenberg. **MOND**

Die Zentrifugalkraft erzeugt einen zweiten Gezeitenberg.

Beide Gezeitenberge

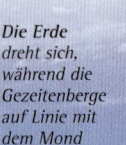

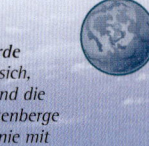

Die Erde dreht sich, während die Gezeitenberge auf Linie mit dem Mond stehen.

ANZIEHUNGSKRAFT DES MONDES ▶
Auf seiner Bahn um die Erde zieht die Schwerkraft des Mondes das Wasser zu sich heran und erzeugt einen Gezeitenberg. Gleichzeitig wirkt die Zentrifugalkraft der Erdbahnbewegung in entgegengesetzter Richtung – und erzeugt einen zweiten Berg. Durch die Erddrehung wandern die Küsten in den Gezeitenbereich hinein und wieder heraus.

Neumond
Hohe Springflut
Niedrige Springflut
Niedrige Springflut
Hohe Springflut
Vollmond
SPRINGFLUTEN

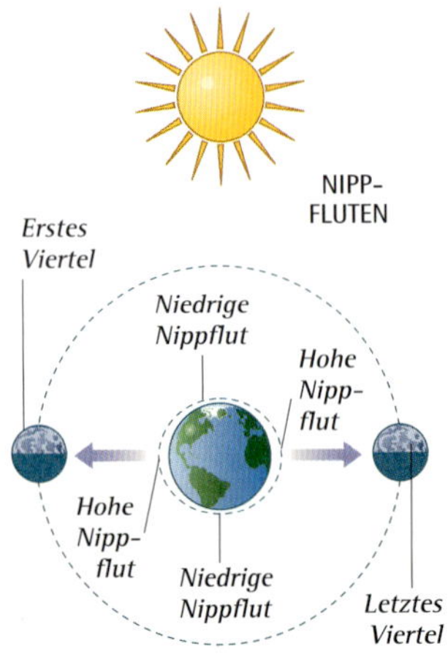

▲ TÄGLICHER ZYKLUS
Wäre der gesamte Planet nur mit Wasser bedeckt, wäre täglich zweimal Ebbe und Flut. Da sich die Position des Mondes ändert, kommen die Flutberge jeden Tag um 50 Minuten früher. Genau das geschieht an manchen Küsten. Aber die Kontinente behindern die Ausbreitung der Flutberge und sorgen für eine ungleiche Verteilung der Gezeiten. Die Küsten Nordvietnams haben z. B. nur einen Gezeitenzyklus pro Tag.

NIPPFLUTEN

Erstes Viertel
Niedrige Nippflut
Hohe Nippflut
Hohe Nippflut
Niedrige Nippflut
Letztes Viertel

◀ MONATLICHER ZYKLUS
Auf seinem Lauf um die Erde steht der Mond zweimal im Monat in einer Linie mit der Sonne – bei Voll- und bei Neumond. Dann verstärken sich beide Schwerkräfte und bewirken alle zwei Wochen eine besonders hohe Flut, eine Springflut. Dazwischen, im ab- und im zunehmenden Mondviertel, schwächt die in 90° zum Mond stehende Sonne seine Schwerkraft, es gibt auf der Erde nur eine sanfte Nippflut.

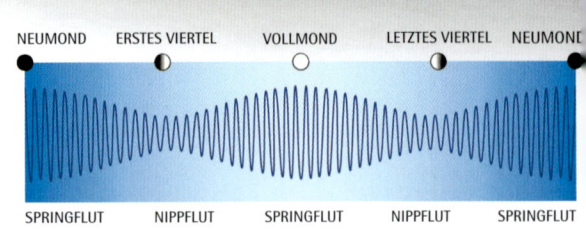

NEUMOND   ERSTES VIERTEL   VOLLMOND   LETZTES VIERTEL   NEUMOND
SPRINGFLUT   NIPPFLUT   SPRINGFLUT   NIPPFLUT   SPRINGFLUT

▲ SPRINGFLUT UND NIPPFLUT
Der monatliche Zyklus von Spring- und Nippflut steuert insgesamt das Ausmaß der Gezeiten und nicht nur die Spitzenwerte. Eine Springflut fällt viel mehr ab als eine Nippflut und entblößt stärker den Strand, um nach ein paar Stunden wieder sehr hoch aufzusteigen. Der Gezeitenunterschied nimmt in der Woche vor Neu- oder Vollmond zu und verringert sich vor dem ersten oder letzten Mondviertel.

47

◄ EXTREME GEZEITEN
Die Gezeitenunterschiede hängen nicht nur von der Position von Sonne und Mond ab. Manche Küsten haben trichterförmige Flussmündung und Buchten, in denen die anbrandende Flut immer mehr zusammengepresst und zu einem hohen Flutberg verstärkt wird. Bei Ebbe verschwindet das Wasser sehr schnell. Den Weltrekord hält die Fundy Bay in Ostkanada, hier bei Ebbe (links), in der bei Springflut schon Höhen von 16 m gemessen wurden.

Gezeiten

▲ AUF UND AB
Wenn die Flut in die Fundy Bay (ganz oben bei Ebbe) einströmt, steigt der Meeresspiegel um 4 m pro Stunde, um 6 Stunden später sein Maximum zu erreichen (oben). An vielen Meeresküsten der Erde steigt der Meeresspiegel allerdings nur schwach an. Vor allem in Binnenmeeren wie dem Mittelmeer ist der Gezeitenunterschied kaum spürbar, er beträgt etwa 50 cm.

GEZEITENSTRÖME

FLUT BEI WELLINGTON

EBBE BEI WELLINGTON

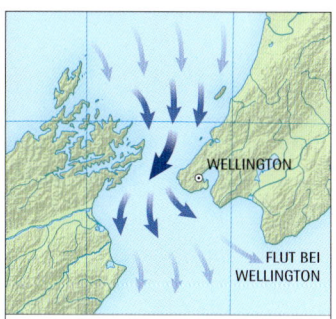

FLUT
Bei ansteigender Flut strömt das Wasser an der Küste entlang und in Buchten und Flussmündungen hinein. Mit hoher Geschwindigkeit umfließt das Wasser Landspitzen und durcheilt Meerengen wie die Cook-Straße zwischen der Nord- und Südinsel Neuseelands. Solche Gezeitenströme sind oft stärker als Meeresströmungen.

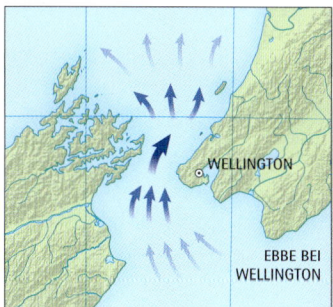

EBBE
Bei einsetzender Ebbe fließt das Wasser aus den Buchten und Flussmündungen hinaus in umgekehrter Richtung wie zuvor die Flut. Um mit ihrem Segelschiff Kurs halten zu können, müssen Kapitäne die Gezeitenströme vorausberechnen. Dann können sie günstige Strömungen sogar zu ihrem Vorteil nutzen.

GEZEITENSTRÖME UND STRUDEL ►
Starke Gezeitenströme, die Landspitzen und Meerengen passieren, können gefährlich schnell werden. Häufig sind sie von wirbelnden Wasserstrudeln und Walzen begleitet, die lange Zeit an Ort und Stelle verharren. Der Wirbel rechts gehört zum Saltstraumen, einem Gezeitenstrom zwischen zwei Fjorden an der norwegischen Küste. Er ist weltweit der stärkste seiner Art.

OBERFLÄCHENSTRÖMUNGEN

Die Winde, die weltweit über die Ozeane wehen, setzen das Meerwasser an der Oberfläche in Bewegung, sodass Oberflächenströmungen entstehen. Die großen Windsysteme, die durch die atmosphärische Zirkulation erzeugt werden, sind am wirkungsvollsten. Die Erddrehung lenkt sowohl Winde als auch Meeresströmungen in den Tropen nach Westen und in den gemäßigten Breiten nach Osten ab. Als große Wirbel verteilen sie Warm- und Kaltwassermassen über den Planeten.

▲ OZEANISCHE FLÜSSE
Meeresströme fließen wie riesige Flüsse durch die Ozeane. So transportiert der Golfstrom im Westatlantik die unglaubliche Wassermasse von 50 Mio. Kubikmeter pro Sekunde von Süden nach Norden! Das ist mehrere tausend Mal so viel wie der Amazonas in Südamerika. Auf diesem Satellitenfoto erkennt man die Wassergrenze zwischen dem schnellen Golfstrom (unten) und den Küstengewässern Nordamerikas (oben).

Meeresströme

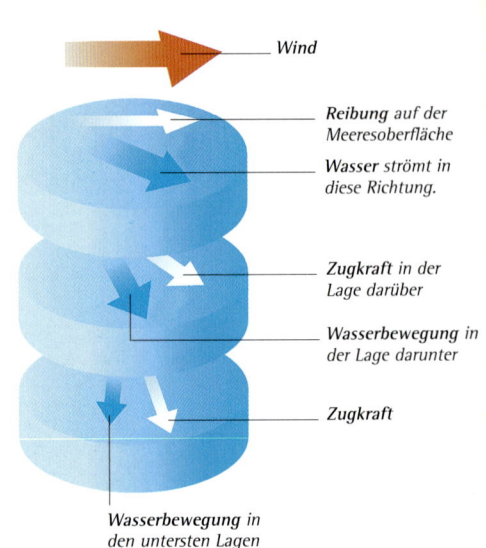

Kalifornienstrom: Ostteil des Nordpazifikwirbels, fließt nach Süden

Golfstrom: Westteil des Nordatlantikwirbels

Nordpolarmeer

Agulhas-Strom: umfließt Südafrika

Kuroshio-Strom: Westteil des Nordpazifikwirbels

Humboldt-Strom: Ostteil des Südpazifikwirbels, fließt nach Norden

Benguela-Strom: Ostteil des Südatlantikwirbels

Südpolarmeer

Äquator

Antarktischer Zirkumpolarstrom: umfließt die Antarktis

▲ DIE EKMAN-SPIRALE
Nicht die Westwinde allein befördern das Wasser ostwärts. Die den Wind ablenkende Erddrehung lässt auch die vom Wind bewegten Wassermassen einen anderen Kurs nehmen, auf der Nordhalbkugel nach links, auf der Südhälfte nach rechts. Dabei wird schichtweise auch tieferes Wasser erfasst, wobei der Grad der Ablenkung mit der Tiefe zunimmt. Benannt wurde diese Scherströmung nach ihrem Entdecker, Vagn W. Ekman (1874–1954). Insgesamt weicht die Meeresströmung etwa 45° von der Windrichtung ab.

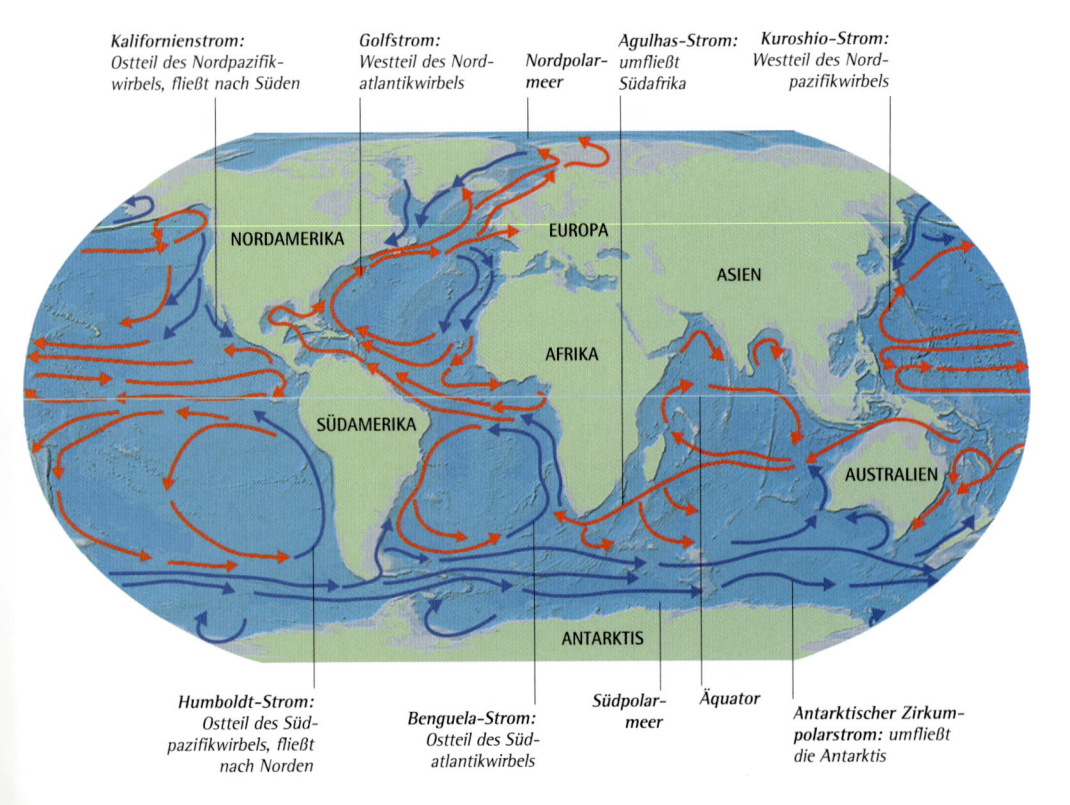

Wind — *Reibung auf der Meeresoberfläche* — *Wasser strömt in diese Richtung.* — *Zugkraft in der Lage darüber* — *Wasserbewegung in der Lage darunter* — *Zugkraft* — *Wasserbewegung in den untersten Lagen*

◄ OZEANWIRBEL
Die vereinte Wirkung globaler Windsysteme und des Ekman-Effekts transportiert Oberflächenwasser am Äquator westwärts, in den gemäßigten Breiten ostwärts. Nur im Südpolarmeer umrundet die Ostströmung die ganze Antarktis, sonst zwingen die Kontinente die Meeresströmungen auf kreisförmige Bahnen. Diese Ozeanwirbel drehen sich beiderseits des Äquators immer in Gegenrichtung, während Ausläufer der Hauptwirbel in das Nordpolarmeer und um die Südspitze Afrikas fließen.

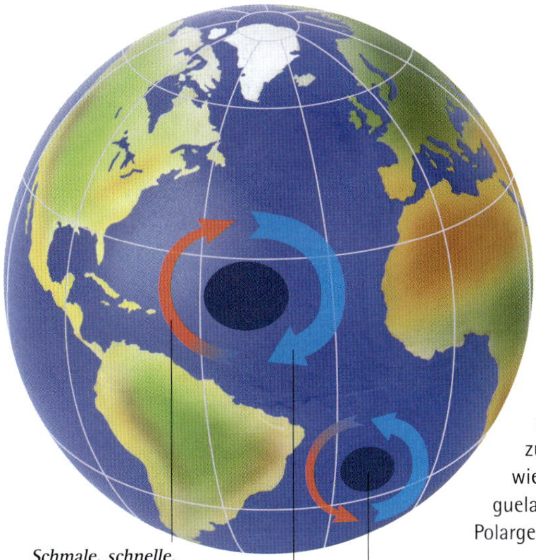

◀ **RANDSTRÖMUNGEN**
Die äquatornahen Meeresströme im Atlantik und Pazifik fließen westwärts und stoßen im Westen auf Kontinente. So gelangt warmes Meerwasser der Tropen über den Golfstrom oder den Kuroshio-Strom in die kühl-gemäßigten Breiten. Diese Teilströme fließen schneller als ihre östlichen, weniger zusammengedrängten Gegenstücke wie der Kalifornienstrom oder der Benguela-Strom, die kaltes Wasser von den Polargebieten zum Äquator bringen.

Schmale, schnelle, warme Westrandströmungen
Breite, langsame, kühle Ostrandströmungen
Ruhiges Wirbelzentrum

STILL STEHENDE WIRBELZENTREN

Mit der Ekman-Spirale wird Meerwasser zum Zentrum eines Ozeanwirbels gelenkt. Dort bildet das Wasser einen breiten, flachen Hügel. In der Sargasso-See im Zentrum des Nordatlantikwirbels erhebt sich dieser Hügel in der Mitte rund 1 m über den Randbereich. Das Meer ist hier außerdem mit treibendem Seetang bedeckt, der sich durch zusammenfließende Strömungen angesammelt hat.

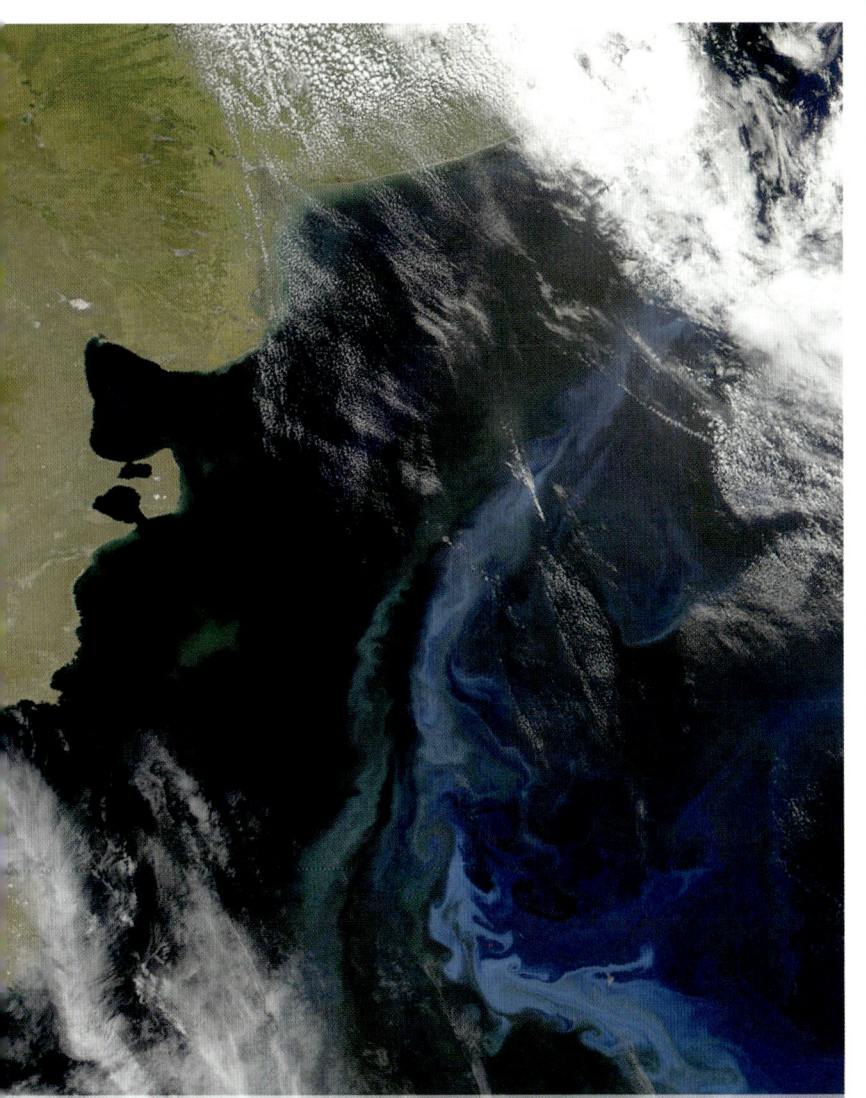

Ostküste, Nordhalbkugel
Wasser strömt aufgrund des Ekman-Effekts seewärts.
Wind von Süden
Auftriebswasser ersetzt abströmendes Oberflächenwasser.

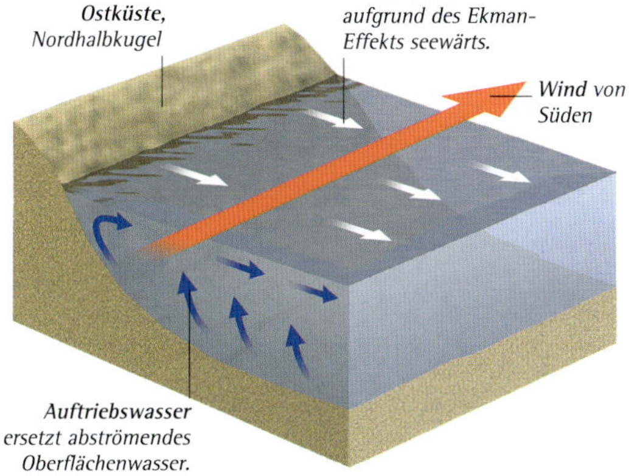

▲ **AUFTRIEBSZONE**
Wo Winde und die Ekman-Spirale das Oberflächenwasser von der Küste wegtreiben, steigt Wasser in so genannten Auftriebszonen aus der Tiefe hoch und ersetzt es. Es bringt Nährstoffe vom Meeresboden mit. Von dem sich bildenden Plankton leben die Meerestiere.

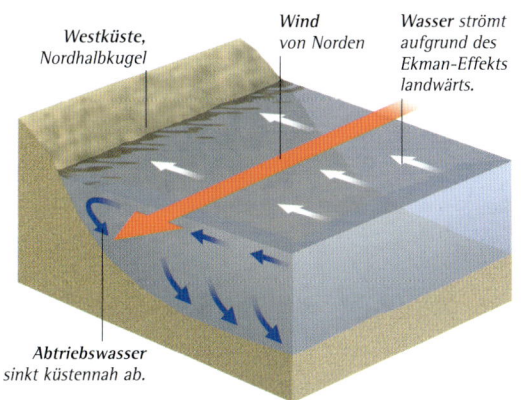

Westküste, Nordhalbkugel
Wind von Norden
Wasser strömt aufgrund des Ekman-Effekts landwärts.
Abtriebswasser sinkt küstennah ab.

▲ **ABTRIEBSZONE**
Das Gegenstück zur Auftriebszone tritt an Küsten auf, wo Winde und die Ekman-Spirale Oberflächenwasser zur Küste hin treiben. Dort wird es zum Absinken gezwungen und verhindert den Nährstoffnachschub aus der Tiefe. Solche Zonen sind deshalb arm an marinem Leben.

▲ **ZUSAMMENFLUSS VON MEERESSTRÖMUNGEN**
Wo warme und kalte Meeresströme sich treffen, schiebt sich das kalte Wasser unter das warme und wirbelt Nähr- und Mineralstoffe vom Ozeanboden auf. Sie sind die Grundlage der gesamten marinen Nahrungskette, die mit dem Plankton beginnt. Häufig mischen sich beide Wassermassen nur wenig, wie in diesem Satellitenbild, auf dem der kalte, mit grünem Plankton beladene Falkland-Strom (links) mit dem warmen, südwärts fließenden Brasil-Strom mit blauem Plankton zusammenstößt.

JAHRESZEITLICHE WINDE

Manche Meere werden von jahreszeitlich schwankenden Windsystemen beeinflusst, wodurch sich ihre Oberflächenströmungen abschwächen oder gar umkehren. Besonders im nördlichen Indischen Ozean ändert der jährliche Monsun die Meeresströmungen, was teils dramatische Folgen hat. Auch im tropischen Pazifik passiert das regelmäßig. Wenn der Nordostpassat abgeschwächt wird, fließt daraufhin warmes Oberflächenwasser im Westpazifik nach Osten. Die Folge: Die normale Strömungsrichtung kehrt sich um. Das führt zu der klimatischen Störung namens El Niño.

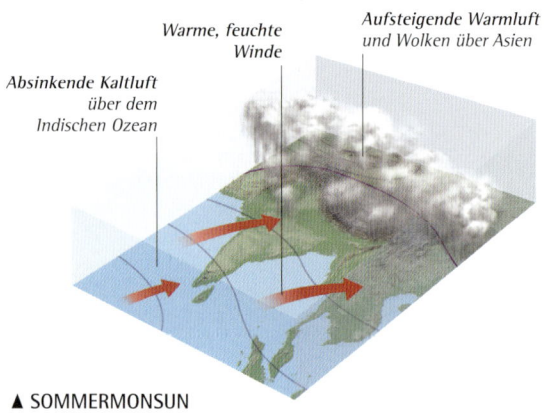

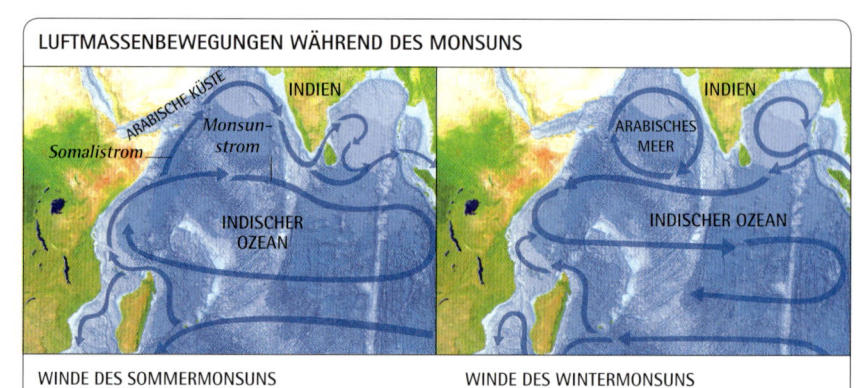

▲ SOMMERMONSUN
Im Sommer heizt sich der Großkontinent Asien stärker auf als der Indische Ozean. Warmluft steigt über Tibet auf und saugt feuchte Luftmassen aus dem Indischen Ozean an. Auf ihrem Weg über Indien hinweg kondensieren sie zu riesigen Wolkenmassen und entladen sich als verheerende Starkregen, die das Land überfluten.

▲ WINTERMONSUN
Im Winter ist Asien viel kälter als der Indische Ozean. Auch die Luft über Tibet ist eiskalt, sinkt ab und strömt nach Südwesten dem warmen Ozean zu, wo sie aufsteigt. So gelangt sehr trockene und relativ kühle Luft aus Nordosten über Indien und führt zu anhaltender Trockenheit.

LUFTMASSENBEWEGUNGEN WÄHREND DES MONSUNS

WINDE DES SOMMERMONSUNS
Aufsteigende Warmluft über Südasien saugt Monsunwinde aus dem Indischen Ozean nordöstlich nach Indien. Oberflächenwasser aus dem nördlichen Indischen Ozean strömt nun ostwärts in den Somali- und Monsunstrom. Durch die starken Winde wird Oberflächenwasser von der arabischen Küste wegtransportiert, an dessen Stelle nährstoffreiches Auftriebswasser tritt.

WINDE DES WINTERMONSUNS
Sobald Asien im Herbst stärker abkühlt als der Indische Ozean, ändert sich die Windrichtung auf Südwest und damit auch die Meeresströmung. So versiegt die Auftriebszone vor der arabischen Küste, weil der Monsun Wasser zur Küste hintreibt. Gleichzeitig wühlt er das Arabische Meer in seinem Zentrum auf und löst hier ein starkes Planktonwachstum aus.

▼ NÄHRSTOFFREICHE GEWÄSSER
Die vom Monsun angetriebenen Meeresströme wirbeln Mineralstoffe vom Ozeanboden auf. Sie dienen dem Plankton als Nahrung, von dem wiederum ganze Nahrungsketten profitieren. Auch diese Buckelwale, die sich immer in der Nähe solcher Auftriebszonen aufhalten, genießen den »gedeckten Tisch«. In Gruppen attackieren sie Fisch- und Krillschwärme, die sie mit weit geöffnetem Maul von unten nach oben abfischen.

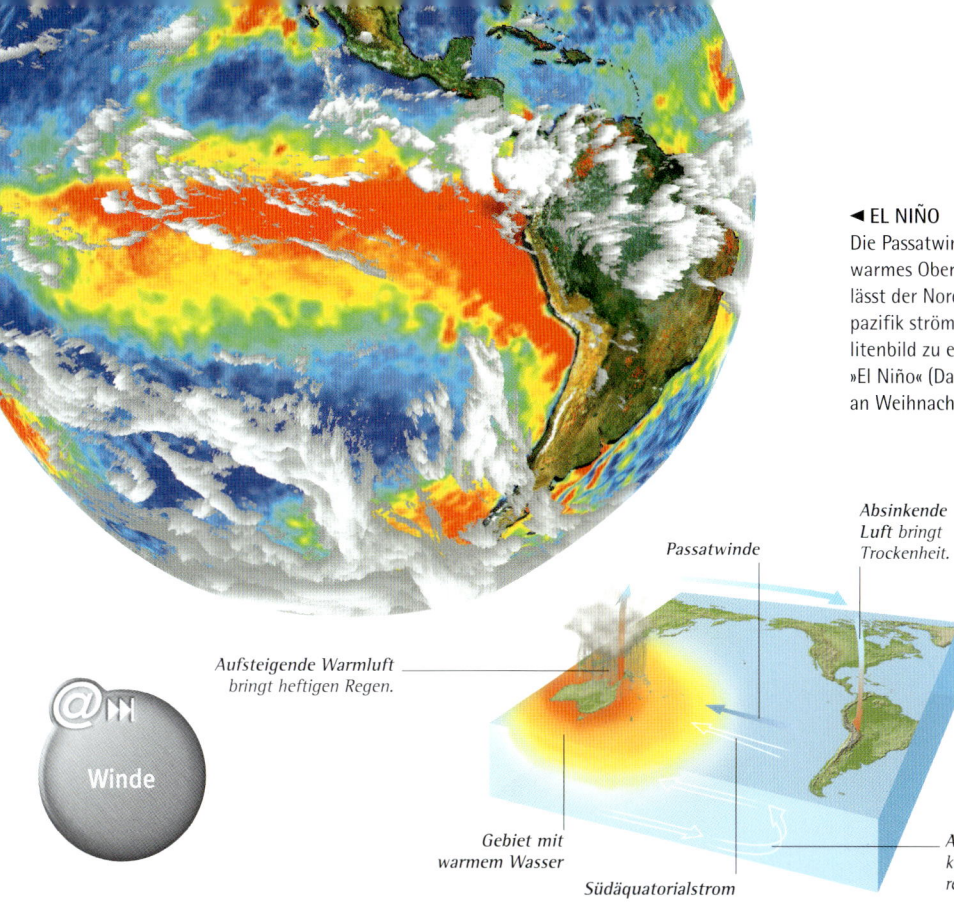

◀ EL NIÑO
Die Passatwinde über dem tropischen Pazifik treiben in der Regel warmes Oberflächenwasser nach Westen. Aber alle paar Jahre lässt der Nordostpassat merklich nach und Wasser aus dem Westpazifik strömt nun nach Osten bis Südamerika, wie auf dem Satellitenbild zu erkennen ist. Dieses Phänomen nennen Klimatologen »El Niño« (Das Kind). Gemeint ist das Christkind, weil El Niño meist an Weihnachten auftritt.

◀ NORMALZUSTAND
Das Warmwassergebiet rund um Neuguinea und Indonesien erwärmt die darüberliegende Luft, steigt als feuchtwarme Luftmasse auf, kondensiert und bildet riesige Gewitterwolken. Ein Teil der Luft strömt in großer Höhe nach Osten, kühlt ab und sinkt über Südamerika ab, um dort wolkenloses, trockenes Wetter zu bringen. Gleichzeitig zieht eine warme Westströmung kaltes Tiefenwasser vor Peru empor, das in einer großen Auftriebszone für äußerst reiche Fischgründe sorgt.

Absinkende Luft bringt Trockenheit.
Passatwinde
Aufsteigende Warmluft bringt heftigen Regen.
Gebiet mit warmem Wasser
Südäquatorialstrom
Aufstiegszone mit kaltem, nährstoffreichem Wasser

Winde @▸▸

Aufsteigende feuchte Warmluft bringt Regen.
Passatwinde schwächen sich ab oder kehren sich um.
Absinkende Luft bringt warmes, trockenes Wetter.
Warmes Wasser strömt ostwärts bis nach Südamerika.
Aufstiegszone wird durch warmes Oberflächenwasser blockiert.

▲ EL-NIÑO-MUSTER
Während eines El Niño strömt warmes Oberflächenwasser ostwärts bis vor Peru. Hier blockiert es aufquellendes nährstoffreiches Tiefenwasser, daher flüchten die meisten Meeresorganismen oder gehen zugrunde. Gewitter bringen Starkregen und Überflutungen in Südamerikas Westen, während Nordaustralien und der Westpazifische Raum unter Trockenheit leiden.

◀ STAGNIERENDE FISCHEREI
Die Gewässer vor Peru gehören zu den fischreichsten der Erde. Die riesigen Fischbestände, darunter vor allem Sardellen, hängen vom Plankton ab. Das Plankton lebt vom kalten, nährstoffreichen Tiefenwasser, das hier aufsteigt. Bei einem El Niño bricht diese Nahrungskette zusammen. Das Plankton verschwindet und alle anderen Meerestiere auch. Seevögel, die von Fischen leben, fliegen weg. Die örtlichen Fischereiflotten bleiben monatelang im Hafen.

TIEFENSTRÖMUNGEN

Die ozeanischen Oberflächenströmungen sind mit einem Netzwerk aus Tiefenströmungen verbunden, die das Meerwasser rund um den Planeten transportieren. Während Erstere vorwiegend vom Wind angetrieben werden, ist es bei den Tiefenströmungen komplizierter. Der Hauptantrieb ist ein Anstieg der Dichte, wenn das Wasser abkühlt und salziger wird. Beides macht das Wasser schwerer, sodass es absinkt. Dann fließt es unter warmem Wasser sehr langsam, mischt sich ein wenig mit ihm und taucht dadurch wieder auf. In tausenden von Jahren reist so jeder Liter Meerwasser theoretisch einmal durch alle Ozeane.

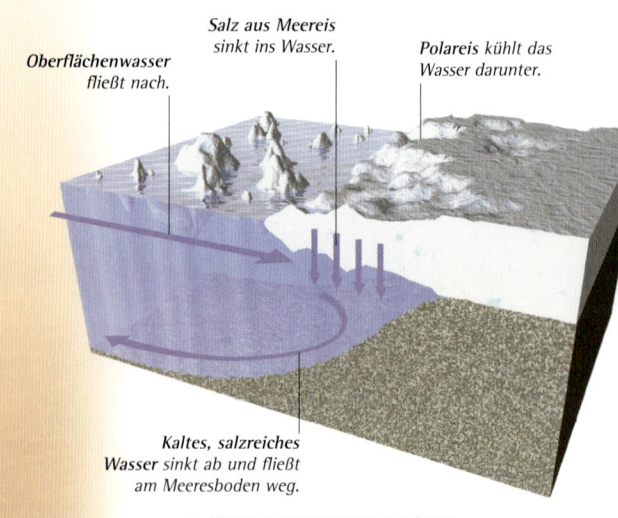

Oberflächenwasser fließt nach.
Salz aus Meereis sinkt ins Wasser.
Polareis kühlt das Wasser darunter.
Kaltes, salzreiches Wasser sinkt ab und fließt am Meeresboden weg.

▲ **ABSINKENDES MEERWASSER**
Fast alles Wasser, das die Tiefenströmungen antreibt, stammt aus den Polarmeeren, wo das Eis das Meerwasser kälter, dichter und schwerer macht. Salz, das aus dem Eis austritt, erhöht die Dichte des Meerwassers. Wegen der Schlüsselstellung von Temperatur und Salzgehalt nennt man die gesamten Tiefenströmungen auch »thermohaline Zirkulation« – nach den griechischen Begriffen für »Wärme« und »Salz«.

◄ **SÜDPOLARE GEWÄSSER**
Der kälteste Tiefenstrom befindet sich im antarktischen Weddellmeer, wo die thermohaline Zirkulation unter dem großen Ronne-Schelfeis und unter dem Packeis ihren Anfang nimmt. Hier entsteht der antarktische Tiefenstrom, der ostwärts quer über den Ozeanboden des Südpolarmeers fließt. Er vereint sich mit einem ähnlich kalten Tiefenstrom, der unter dem Ross-Meer auf der anderen Seite der Antarktis beginnt.

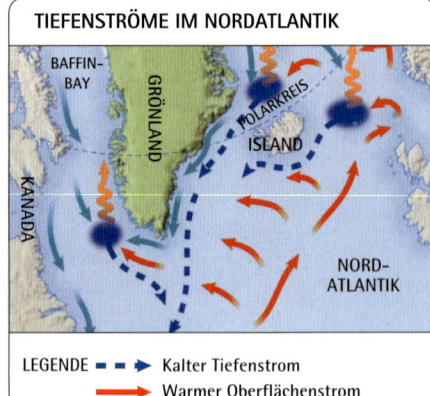

Das offene Meer gefriert im Winter, das Meerwasser darunter kühlt ab.
Packeis bedeckt ganzjährig fast das gesamte Weddellmeer.

TIEFENSTRÖME IM NORDATLANTIK

LEGENDE
- - -▶ Kalter Tiefenstrom
──▶ Warmer Oberflächenstrom
──▶ Wärmeverlust
──▶ Kalter Oberflächenstrom
■ Abtriebszone

Das meiste vom Eis des hohen Nordens stammende kalte Tiefenwasser wird durch Erhebungen im arktischen Ozeanboden zurückgehalten. Wenn aber warmes, salziges Atlantikwasser im Norden auf Kaltwasserströme trifft, kühlt es ab und sinkt unter das weniger salzige Arktiswasser. Die drei großen Abtriebszonen treiben den großen Nordatlantischen Tiefenstrom an.

Warmer Golfstrom fließt nach Norden.

Salzreiches, kaltes Wasser sinkt im Nordatlantik ab.

Tiefenwasser steigt im Nordpazifik empor.

Antarktisches Tiefenwasser fließt nach Osten.

Kaltes, dichtes Tiefenwasser erreicht den Pazifik.

Meeresströme

▲ **GLOBALES FÖRDERBAND**
Kaltes Tiefenwasser strömt am Boden des Atlantischen und Indischen Ozeans bis in den Pazifik. Im Arabischen Meer und im Nordpazifik mündet es in die Oberflächenwirbel ein. Diese sind über weitere Wirbel mit denen im Atlantik verbunden und erreichen über den Golfstrom wieder den Nordatlantik – so schließt sich der Kreis des globalen Förderbands durch alle Weltmeere.

▶ **SCHWÄCHUNG DER TIEFENSTRÖMUNGEN**
Wenn sich das Klima erwärmt, droht sich die Tiefenströmung abzuschwächen, weil weniger arktisches Wasser absinkt. Ein Grund dafür ist, dass sich weniger Eis auf der Oberfläche bildet. Schmelzwasser, das von Gletschern ins Meer fließt, verringert zudem den Salzgehalt des Wassers. Beide Effekte bewirken, dass weniger Wasser absinkt. Anzeichen für eine solche Entwicklung sind bereits zu beobachten.

▲ **DER GLOBALE TEMPERATURREGLER**
Das globale Förderband transportiert gewaltige Wärmemengen rund um die Erde. Es bewahrt damit die Polargebiete vor zu starker Auskühlung und die Tropen vor Überhitzung. Die Tiefenströmungen sind außerdem wichtig für die marinen Nahrungsketten, denn sie bringen Sauerstoff in große Tiefen sowie Nähr- und Mineralstoffe vom Meeresboden an die Oberfläche.

▲ **KLIMAKATASTROPHE**
Sollte sich das globale Förderband durch den Klimawandel abschwächen, hätte dies drastische Folgen für das Weltklima. Für Nordeuropa wäre es schlicht eine Katastrophe: Absinkendes Wasser bei Island saugt den Golfstrom, der Europa milde Temperaturen bringt, nach Norden. Bräche er zusammen, stünden Europa sibirische Winter bevor.

NÄHRSTOFFE UND MEERESORGANISMEN

Die Meeresströme transportieren nicht nur Wasser um den Planeten, sondern auch Mineral- und Nährstoffe für die Mikroorganismen der Meere – kleine pflanzenähnliche Wesen namens Phytoplankton. Es ist die Nahrungsgrundlage fast aller übrigen Meerestiere und somit des gesamten Ökosystems Ozean. Viele dieser Nährstoffe sind mit den Flüssen ins Meer gelangt. Ein Teil davon wird von Meeresorganismen gefressen, gelangt mit deren Tod wieder ins Wasser und sinkt auf den Meeresboden. Wenn die Sedimente am Ozeanboden von Tiefenströmungen und Stürmen aufgewirbelt werden, können Mineral- und Nährstoffe bis zur Oberfläche aufsteigen, wo sie das Phytoplankton nähren, von dem die ganze marine Nahrungskette abhängt.

◄ **NAHRUNGSHERSTELLUNG**
Winzige Bakterien und das Phytoplankton enthalten Chlorophyll, ein grüner Stoff, der Sonnenenergie aufnimmt. Mithilfe dieser Energie stellen sie aus Wasser und Kohlendioxid Kohlenhydrate wie z. B. Zucker her. Daraus bauen sie ihr Gewebe auf, das Tieren als Nahrung dient. Einige Bakterien nutzen einen anderen Weg, aber für die meisten Lebewesen im Meer ist die Fotosynthese die Grundlage des Lebens.

◄ **LEBENSWICHTIGE NÄHRSTOFFE**
Die marinen Mikroorganismen, die Kohlenhydrate mittels Fotosynthese herstellen, brauchen neben Licht ebenfalls Nährstoffe. Das sind vor allem Nitrate und Phosphate als Bausteine von Eiweiß sowie Sauerstoff zur Umwandlung von Zucker in Energie. Sie brauchen Kalzium und Silizium, um Gehäuse herzustellen, und überdies Spurenelemente. Marine Organismen nehmen Nährstoffe mit dem Meerwasser auf. Wenn sie sterben, verwesen sie wie diese Schildkröte. Die Nährstoffe lösen sich teils im Wasser, teils gehen sie in Sedimente des Ozeanbodens über, bis sie von Strömungen aufgewirbelt werden.

@►► Nährstoffe

PLANKTONBLÜTE ►
Nährstoffreiche Meere sind der Ort, wo mikroskopisch kleine Organismen, das Phytoplankton, am besten gedeihen. Sie bevorzugen die lichtdurchflutete Meeresoberfläche, weshalb sie am häufigsten in den kalten, nährstoffreichen Auftriebszonen der Ozeane vorkommen. Hier vermehren sie sich immer wieder explosionsartig und es kommt zur Plankton- oder Algenblüte. Dann färben sie das Wasser bunt und machen es trübe. Das Ausmaß kann riesig sein wie hier vor Nordspanien, wo die Algenwolke über 250 km Durchmesser erreicht.

PHYTOPLANKTON

DIATOMEEN
In kalten Gewässern leben bevorzugt Diatomeen. Sie produzieren Gehäuse aus Siliziumdioxid. Diatomeen treten in vielfältigen geometrischen Formen auf und können sich zu Gruppen und Ketten zusammenschließen. Ein Großteil des Silikatschlamms der Ozeanböden besteht aus Schalen dieser Algen.

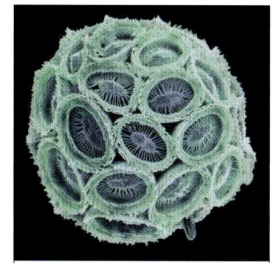

COCCOLITHOPHORIDEN
Diese tropischen Mitglieder des Phytoplanktons bauen ihre Skelette aus winzigen ornamentierten Kalkscheibchen auf. Wenn diese Kalkalgen absterben, bilden die Scheibchen der zerbrochenen Gehäuse Kalkschlamm auf dem Ozeanboden. Nach Millionen Jahren verfestigt er sich zu Kalkstein oder Kreide.

DINOFLAGELLATEN
Wie viele Mikroorganismen zeigen auch Dinoflagellaten Merkmale von Tieren und von Pflanzen. Einerseits schwimmen sie aktiv mit zwei Geißeln, andererseits betreiben sie Fotosynthese wie Pflanzen. Ihr schützender Panzer besteht aus Zelluloseplatten, die sich nach dem Tod der Tiere zersetzen.

DICHTE DES PHYTOPLANKTONS

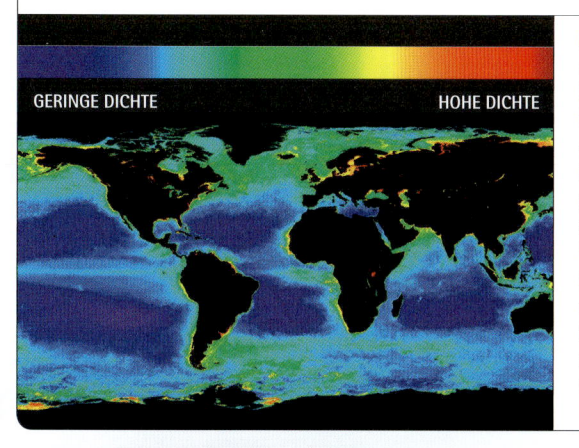

GERINGE DICHTE — HOHE DICHTE

In den tropischen Meeren verhindert die oberste Warmwasserschicht, dass Nährstoffe aus der Tiefe in die Lichtzone aufsteigen. So kann kein Phytoplankton gedeihen. In kalten Meeren aber können aufsteigendes Wasser in Küstennähe und Winterstürme Nährstoffe emporwirbeln. Das Satellitenbild zeigt, dass diese Gewässer viel nährstoffreicher sind als tropische Meere.

▲ SEETANG UND SEEGRAS
In Flachgewässern ersetzt oft Seetang das Phytoplankton. Er stellt fotosynthetisch aus Sonnenenergie, Kohlendioxid und Wasser Zucker her. Einige Seetangarten sind so effektiv, dass sie bis zu 60 cm am Tag wachsen und ihre Halme 50 m oder länger werden. Sie bilden den Kelp. Das sind Wälder aus Tang, die besonders an den Küsten des Ostpazifik gedeihen. Auch Seegras wächst im geschützten Flachwasser. Es dient kleinen Tieren, aber auch großen wie der Meeresschildkröte, als Nahrung und Kinderstube.

◄ TROPISCHE KORALLENRIFFE
Die faszinierendsten Orte in den klaren und planktonarmen Tropenmeeren sind die Korallenriffe. Sie werden von Korallen aufgebaut – kleinen Polypentieren, in deren Haut Dinoflagellaten in Symbiose mit ihnen leben. Sie stellen Nahrung auf die gleiche Weise wie das Phytoplankton her und geben einen Teil an die Korallen weiter. Die Korallen liefern im Gegenzug gefangene Kleintiere. Dieses »Geschäft« funktioniert nur in der hellen Lichtzone, weshalb Korallenriffe stets in klarem Flachwasser wachsen.

NAHRUNGSKETTEN

Fast alles Leben im Meer hängt am Phytoplankton. Es stellt aus einfachen Grundstoffen komplexe Substanzen her, die höhere Tiere verwerten können. Mikroorganismen fressen das Phytoplankton und werden ihrerseits von Kleinlebewesen verspeist, die als Zooplankton durch die Ozeane schweben. Das Zooplankton nährt schließlich größere Meerestiere, die von Raubtieren wie den Haien gejagt werden.

ZOOPLANKTON

RADIOLARIEN UND FORAMINIFEREN
Diese winzigen Einzeller vermehren sich bei Planktonblüten explosionsartig. Sie attackieren das Phytoplankton mit ihren Wurzelfüßchen, die sie durch Löcher in ihren Gehäusen ausstrecken. Radiolarien (links) haben Schalen aus Siliziumdioxid, Foraminiferen dagegen aus Kalzit oder Opal in Schneckenform.

RUDERFUSSKREBSE
Diese Kleinkrebse filtern Phytoplankton mithilfe ihrer gefiederten Beinchen, die sie ruderartig im Wasser bewegen. In Schwärmen bevölkern sie nährstoffreiche Gewässer und locken viele Fische an. Nachts schwimmen sie zur Oberfläche, wo sich das Phytoplankton konzentriert. Im Morgengrauen sinken sie zurück in die Tiefe.

KRILL
Im antarktischen Südpolarmeer tritt der viel größere Krill an die Stelle der Ruderfußkrebse. Krillkrebse bilden riesige Schwärme, die das Meerwasser rot schimmern lassen. Sie sind Hauptnahrung vieler Fische, Seevögel, Pinguine, Krabbenfresserrobben und Wale. Ohne Krill gäbe es kein antarktisches Ökosystem.

EIER UND LARVEN
Planktonwolken dienen als Kinderstube für Eier und Larven zahlreicher Meerestiere wie Fischen, Muscheln und Krebsen. Nachdem die Larven wie diese Krabbenlarven geschlüpft sind, ist das Plankton die erste Nahrung. Später beginnen dann die meisten am Meeresboden zu jagen oder sie heften sich an die Brandungsfelsen.

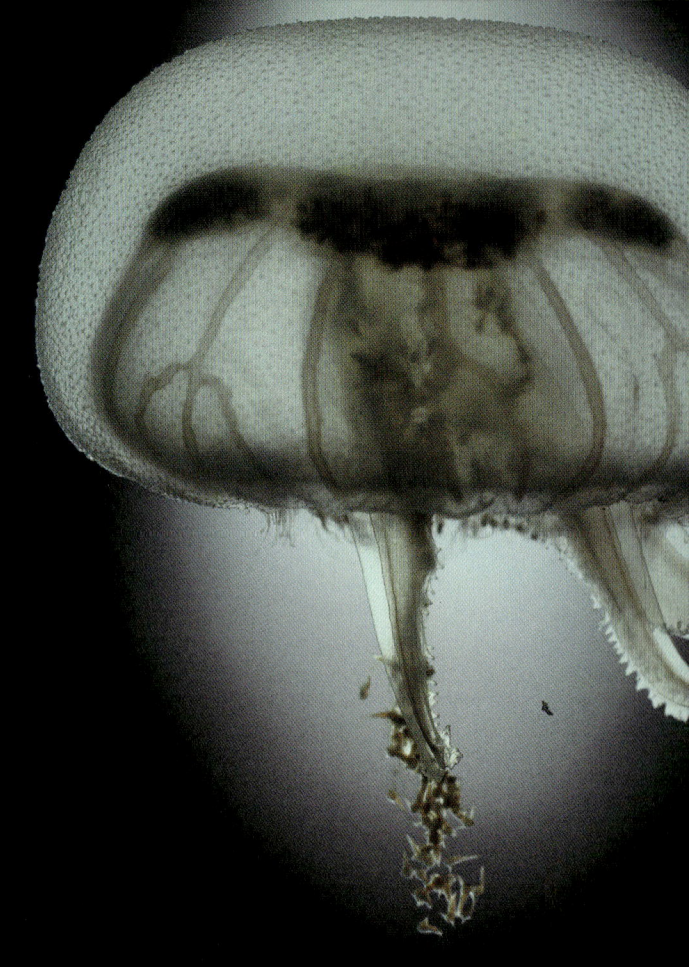

▲ TREIBENDE QUALLEN
Quallen und ähnliche Tiere durchkämmen das Plankton. Sie sind schlechte Schwimmer und treiben mit der Strömung und ihrer Beute mit. Quallen wie diese verfügen über giftbewehrte Fangarme, mit denen sie Ruderfußkrebse fangen. Auch die schillernden Rippenquallen und die Salpen, die langen Plastikschläuchen ähneln, leben vom Plankton.

▲ FISCHSCHWÄRME AUF JAGD
Viele Kleinfische wie Sardellen und Heringe fressen sich regelrecht mit geöffnetem Maul durch Planktonwolken hindurch. Die Beute bleibt an ihren Kiemenrechen hängen, die wie Siebe wirken. Diese Fische jagen in riesigen Schwärmen aus Milliarden Einzelfischen. In seiner Bewegung gleicht der Schwarm einem Superorganismus, der sich wie ein großes Tier verhält.

◄ MEERESRÄUBER
Schwarmfische sind beliebte Beuteobjekte von Raubfischen wie diesem Thunfisch, aber auch von vielen anderen, etwa Delfinen. Raubfische sind schnelle Jäger, die große Strecken auf ihren Beutezügen zurücklegen. Thunfische und Delfine jagen in Trupps, während andere wie Marlin und Schwertfisch einzeln durch die Ozeane streifen – immer auf der Suche nach Beute.

◄ TOPRÄUBER
Viele Raubfische sind selbst Ziel von größeren Räubern wie etwa dem Weißen Hai. Solche Jäger sind relativ selten, weil viele Thunfische nötig sind, um einen Hai satt zu machen – und genug Nahrung, um die vielen Thunfische zu sättigen. Räuber verbrauchen viel Energie auf ihren Streifzügen, daher setzen sie nicht die gesamte Nahrung in Fleisch um. Das heißt, dass jeder Hai ein Vielfaches seiner Masse an Beutetieren fressen muss, um sein Gewicht zu erreichen.

@ ▶▶ Nahrungskette

GIGANTISCHE FILTRIERER ▲
Einige Großfische fressen sehr kleine Tiere, die sie aus dem Wasser filtrieren. Das ist eine sehr energiesparende Methode, da keine Energie bei der Jagd verloren geht. Diese Filtrierer können respektable Größen erreichen. So ist der größte Fisch überhaupt, der Walhai, ein Filtrierer. Und Wale, die sich ebenso ernähren, zählen zu den größten Säugetieren. Der Krill fressende Blauwal ist das größte Tier, das je existierte.

NAHRUNGSKETTEN VERBINDEN SICH ZU EINEM NAHRUNGSNETZ

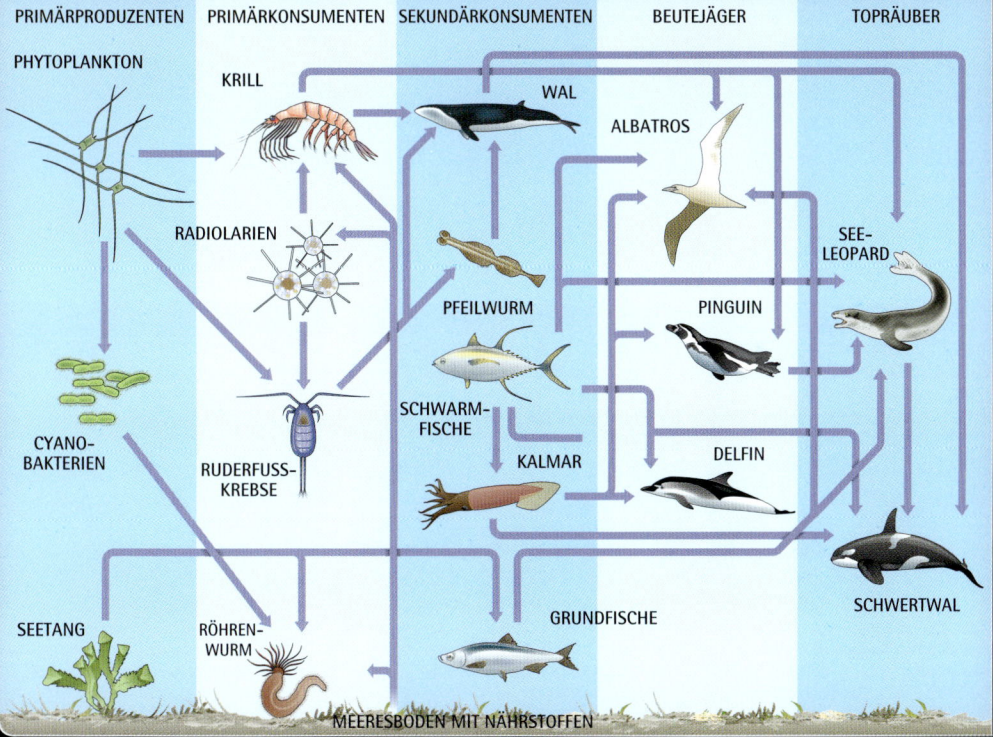

PRIMÄRPRODUZENTEN | PRIMÄRKONSUMENTEN | SEKUNDÄRKONSUMENTEN | BEUTEJÄGER | TOPRÄUBER

PHYTOPLANKTON, KRILL, WAL, ALBATROS, RADIOLARIEN, SEELEOPARD, PFEILWURM, PINGUIN, SCHWARMFISCHE, CYANOBAKTERIEN, RUDERFUSSKREBSE, KALMAR, DELFIN, SCHWERTWAL, SEETANG, RÖHRENWURM, GRUNDFISCHE

MEERESBODEN MIT NÄHRSTOFFEN

Jeder Lebensraum im Meer hat sein eigenes Nahrungsnetz, das die Primärproduzenten der Nahrung mit allen Konsumenten verbindet. Jedes Tier hat darin seinen genauen Platz. Primärproduzenten wie das Phytoplankton dienen den Primärkonsumenten wie Krill und Radiolarien als Nahrung. Diese werden von den Sekundärkonsumenten wie Fischen und Kalmaren gefressen, die ihrerseits von Beutejägern wie den Pinguinen und Delfinen bejagt werden. Letztere schließlich fallen Topräubern wie dem Schwertwal zum Opfer. Ständig sinken die Reste toter Tiere und des Planktons zu Boden, wo sie z. B. von Würmern verzehrt und zu Nähr- und Mineralstoffen abgebaut werden.

Dieses Nahrungsnetz aus dem Südpolarmeer zeigt, dass es noch mehr Verbindungen gibt. Das liegt zum Teil daran, dass viele Tiere vielerlei fressen. Ein Schwertwal erbeutet gern Pinguine, aber auch Fische und Kalmare, also die Beute der Pinguine. Mitunter tötet er auch einen Seeleoparden, der auf derselben Stufe steht und Pinguine jagt. Riesige Filtrierer wie die Wale fressen sowohl Pfeilwürmer als auch deren Nahrungsspektrum. Andererseits sind sie durch ihre Größe vor den meisten Räubern, die über ihnen stehen, geschützt.

Trotz dieser Verflechtungen steht eines fest: Jedes Tier im Ozean, ob klein oder groß, hängt von Primärproduzenten, also vor allem vom Phytoplankton ab. Denn ohne Primärproduzenten gibt es keine Grundnahrung und ohne diese kein Nahrungsnetz.

MARINES LEBEN

Das Leben im Meer ist anders als an Land, denn in den Strömungen treibt jede Menge Nahrung. Daher können sich viele Tierarten wie Seeanemonen, Seepocken oder Klaffmuscheln einfach am Meeresboden verankern und ihre Nahrung aus der vorbeiziehenden Strömung fischen. Gute Schwimmer haben einen stromlinienförmigen Körper, der ihnen bei der aktiven Suche nach Nahrung von Vorteil ist. Andere haben hoch entwickelte Sinne, deren Fähigkeiten uns staunen lassen.

▲ **FEST VERANKERT**
Wo das Meerwasser reichlich Nährstoffe enthält, leben viele Tiere, die ihr Leben lang auf einem Platz festsitzen. Sie fangen alles, was an Fressbarem vorbeitreibt, ein und verspeisen es. Viele Weichtiere wie diese Muscheln verankern sich an Felsen oder anderen festen Objekten, wieder andere vergraben sich im weichen Boden und strecken ihre Fangarme oder ihren Sipho in die Strömung, um Nahrung zu sammeln.

NAHRUNGSBESCHAFFUNG

FILTERN
Eine Muschel saugt mit dem Sipho Wasser ein, filtert Nahrungsteilchen heraus und stößt den Rest durch den zweiten Sipho wieder aus. Filtrierende Muscheln enthalten daher oft ausgefilterte Schadstoffe.

ABSIEBEN
Manche Meereswürmer spreizen Tentakelfächer auf, um Nahrungsteilchen abzusieben. Rankenfußkrebse verfahren ähnlich, indem sie ihre gefiederten Fangarme aus den Öffnungen des Gehäuses strecken.

EINFANGEN
Die Tentakel mancher Tiere wie dieser Seeanemone besitzen winzige Giftpfeile, mit denen sie ihre Beute lähmen und einfangen. Auch die Fangarme der Quallen sind dazu in der Lage.

SCHNAPPEN
Tropische Röhrenaale sitzen mit ihrem Schwanz im Sand, während sie das Maul in die Strömung halten, um nach vorbeitreibender Beute zu schnappen. Sie leben nur an Orten mit starker Strömung.

SINNE UNTER WASSER

◄ **GLEITEN UND KRABBELN**
Viele der am Meeresboden festsitzenden Tiere werden Beute von bodenjagenden Räubern. Diese Nacktkiemenschnecken mit ihren Tentakeln gleiten auf der Jagd nach ihnen über die Felsen. Kiemenschnecken, Seesterne und Seeigel gehen ähnlich vor. Krabben und Krebse krabbeln auf hochgestelzten Beinen umher auf der Suche nach Beute und Abfällen. Viele haben schwere Panzer, die sie auf dem Boden halten, leichtere Krabben und Garnelen können dagegen schwimmen.

SEHSINN
Wasser lässt Licht nur schlecht durch, besonders trübes Wasser. Aber viele Meerestiere haben sehr scharfe Augen, um zu jagen und sich zu verteidigen. Oktopusse haben Augen ähnlich wie die des Menschen, während ihre Beute häufig nur schlecht sehen kann.

GERUCHSSINN
Riechen und Schmecken sind wichtige Sinne, um Fressbares zu finden. Haie sind bekannt dafür, dass sie winzige Blutspuren im Meer riechen. Viele Raubschnecken »erschmecken« ihre Opfer mithilfe ihres langen Sipho – eine Art Schnorchel.

GEHÖRSINN
Wasser leitet Schall gut und sehr weit. Selbst die ohrenlosen Fische können Geräusche gut hören. Delfine nutzen das, indem sie laute Klicklaute erzeugen, um Fische zusammenzutreiben und leichter schnappen zu können.

DRUCKSINN
Fische haben an ihren Körperflanken Drucksensoren in ihrem Seitenlinienorgan. Damit können sie Druckschwankungen, die von Bewegungen ausgelöst werden, im Wasser erfühlen. Das erleichtert das synchrone Schwimmen im Schwarm.

ELEKTROSENSORIK
Einige Meerestiere wie Haie und Rochen sind in der Lage, die elektrischen Impulse in den Nerven anderer Tiere zu fühlen. Die Elektrosensoren in dieser Haischnauze führen ihren Besitzer zu Beutetieren, die weder sichtbar noch riechbar sind.

▲ **SCHWIMMEN**
Die Körper der Meerestiere haben fast die gleiche Dichte wie Salzwasser, sodass sie darin schweben, meist ohne auf- oder abzutreiben. Die meisten Fische besitzen eine Schwimmblase, mit der sie den Auftrieb regeln können. Haie sinken grundsätzlich leicht ab, außer wenn sie schwimmen. Fische im offenen Meer wie diese Makrelen sind sehr schlank, was ihnen erlaubt, sehr schnell ohne großen Kraftaufwand zu schwimmen.

@▶▶ Leben im Meer

◄ **EXTREMTAUCHER**
Manche lungenatmenden Meeressäuger wie die Pottwale sind besonders gut ausgerüstet, um bis in extreme Tiefen tauchen und dort auf Beutefang gehen zu können. Da ihre Lungen bei dem immensen Druck in der Tiefe nicht funktionieren, speichern das Blut und die Muskeln den lebenswichtigen Sauerstoff.

LEBEN IN FLACHMEEREN

Die meisten Meerestiere leben in Flachmeeren auf dem Kontinentalschelf an den Rändern der Ozeane. Im flachen Wasser gelangen mehr Nährstoffe vom Meeresgrund in die Lichtzone, wo sie das Phytoplankton in feste Nahrung umwandelt. Wenn auch der Meeresboden in der Lichtzone liegt, hat eine Vielzahl von Bodenbewohnern direkten Zugang zu lebender Nahrung.

▲ FLACHE RÄNDER
Die Ränder der Kontinente liegen unter lichtdurchfluteten Flachmeeren, die nicht tiefer als 200 m sind. Ihre Böden sind bedeckt mit Sedimenten wie Kies, Sand und Schlamm, die von den Flüssen und der Küstenströmung angeliefert worden sind. Sie sind mit den Resten von Pflanzen und Tieren von Festland und Meer angereichert. Ihre Abbauprodukte dienen vielen Meerestieren als Nahrung.

@▶ Leben im Meer

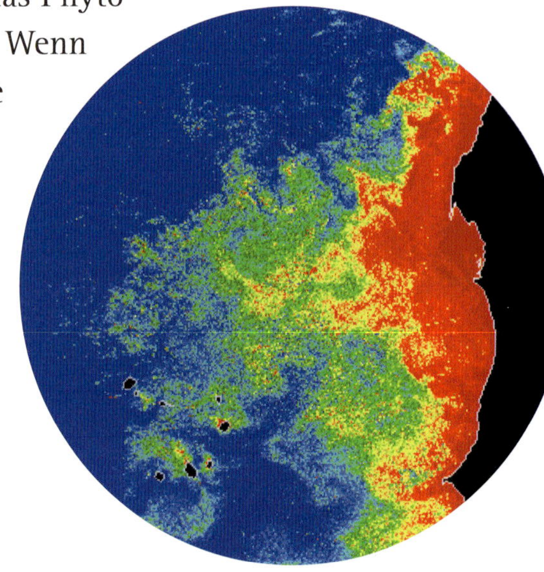

▶ AUFWÜHLENDE STRÖMUNGEN
Die meisten Nährstoffe, die für blühendes Leben in den Flachmeeren sorgen, stammen vom Meeresboden, wenn Stürme und Strömungen ihn aufwühlen. Das passiert besonders dort, wo Strömungen von der Küste hinaus aufs Meer fließen und dadurch Tiefenwasser nachfolgt. Dieses Satellitenfoto von der westafrikanischen Küste zeigt eine der Auftriebszonen, in der rote und gelbe Phytoplanktonwolken den Nährstoffreichtum verraten.

LEBEN IM SCHELFMEER

IM UND AM MEERESBODEN
Zahlreiche Tiere leben am Meeresboden, eingegraben im Sand oder versteckt unter Felsen und Wracks. Dazu gehören Muscheln und Würmer, festsitzende Tiere wie Seeanemonen und Röhrenwürmer sowie krabbelnde Tiere wie Seesterne, Seeigel, Krabben und Garnelen.

IM FLACHWASSER
Viele Fische des Flachmeers wie Rochen, Plattfische oder dieser Kabeljau suchen ihre Nahrung auf oder über dem Meeresboden. Das Angebot ist groß und Beutetiere wie Krabben und Muscheln sind leichter zu fangen als die schnellen Fische, die in der Lichtzone umherziehen.

OFFENES MEER
Das Zooplankton, das in großen Wolken durch die nährstoffreiche Lichtzone der Flachmeere treibt, wird von Fischschwärmen heimgesucht, die sich in der offenen See weit oberhalb des Meeresbodens aufhalten. Nachts steigen Jäger und Gejagte zur Oberfläche auf, um morgens wieder abzutauchen.

TAUCHENDE LUNGENATMER
Viele Meerestiere, die zum Atmen auftauchen müssen, erreichen dennoch mit Leichtigkeit den Grund von Flachmeeren, um dort nach Beutetieren zu jagen. Dazu gehören eine Reihe von tauchenden Seevögeln wie Alke und Kormorane oder Säugetiere wie Seeotter und Robben.

◄ KÜSTENGEWÄSSER
Die flachen Küstenmeere vieler kalter Ozeane enthalten saftig grüne Seetangweiden, in denen es vor Leben nur so wimmelt. Zu den herausragendsten ihrer Art gehören die Kelpwälder, die vor der Pazifikküste Nordamerikas wachsen. Hier wächst gigantischer Kelp bis in 50 m Tiefe. Seine Wedel streckt er fast bis zur Oberfläche empor. Eine wahre Armee von Seeigeln weidet hier die Blätter ab. Seeotter benutzen Steine, um ihre stacheligen Gehäuse zu knacken und die leckeren Innereien zu fressen.

► SEEVÖGELKOLONIE
Riesige Kolonien brütender Seevögel leben von den fischreichen Gewässern des Kontinentalschelfs. Hier finden sie ideale Bedingungen, um ihre Jungen aufzuziehen. Besonders an Auftriebszonen wie vor den Küsten Perus und Chiles gehen ihre Zahlen in die Abermillionen. Wenn bei Tauwetter an den Rändern der Polarmeere das Eis schmilzt, kommt es zu einer explosionsartigen Vermehrung des marinen Lebens.

▲ REICHE FISCHGRÜNDE
Seit Jahrhunderten gelten die flachen Schelfmeere als die reichsten Fischgründe der Erde. Wegen ihrer Küstennähe sind sie zudem leicht zu befahren. Die intensive Ausbeutung im 20. Jahrhundert hat allerdings die Bestände vieler Edelfische vielerorts zusammenbrechen lassen, etwa von Kabeljau und Hering. Strenge Fangquoten sollen helfen, dass sich die Bestände wieder erholen, denn am Nahrungsangebot liegt es nicht.

Napfschnecken mit ihren dicken Schalen saugen sich am Felsen fest.

▲ GEFAHRENZONE
Wenn eine Welle auf den Strand klatscht, wirbelt sie Steine und Sand auf und wälzt sie umher. An Felsküsten verkriechen sich die Tiere in Felsspalten, um den Brechern zu entfliehen und um bei Ebbe von deren Kühle und Feuchte zu profitieren. Andere Strandbewohner vertrauen auf ihre stabilen Gehäuse und Panzer oder auf ihre zähe Haut.

LEBEN IN DER STRANDZONE

In Strandnähe ist das Meer sehr nährstoffreich, daher lebt hier eine Vielzahl an Meerestieren. Gleichzeitig ist es ein gefährlicher Ort. Wellenbrecher können Tiere zermalmen, die nicht in Grabröhren oder Felsspalten Schutz suchen. Bei Ebbe wird der Strand trocken und setzt Muscheln und Schnecken, die sich nicht tief genug eingraben, der Sonne aus. Die Wassertiefe in der Gezeitenzone wechselt jeden Tag und bestimmt das marine Leben. Dadurch entstehen verschiedene Strandzonen, die von unterschiedlichen Tierarten bevölkert werden.

@▶▶ Küstenbewohner

STRANDZONEN ▶
Bei Ebbe richten sich verschiedene Tierarten auf den fallenden Wasserstand ein. Der Vorstrand liegt fast immer unter Wasser, er liegt nur bei Nippflut frei. Der Mittelteil wird jeden Tag trocken, während der obere Strand nur zweimal im Monat bei Springflut überschwemmt wird.

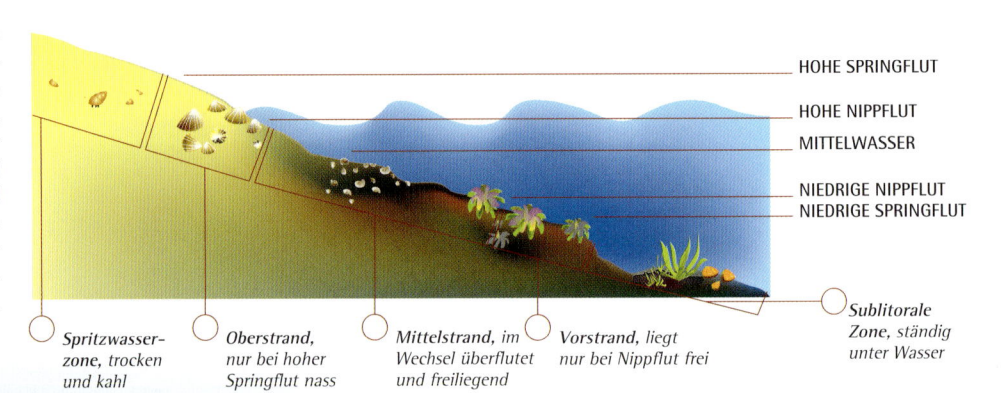

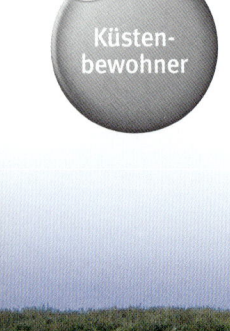

HOHE SPRINGFLUT
HOHE NIPPFLUT
MITTELWASSER
NIEDRIGE NIPPFLUT
NIEDRIGE SPRINGFLUT

Spritzwasserzone, trocken und kahl
Oberstrand, nur bei hoher Springflut nass
Mittelstrand, im Wechsel überflutet und freiliegend
Vorstrand, liegt nur bei Nippflut frei
Sublitorale Zone, ständig unter Wasser

▲ IM WECHSEL DER GEZEITEN
Die meisten Tiere der Gezeitenzone, wie diese Seeanemonen, fressen nur bei hohem Wasserstand. Bei Ebbe schließen sie ihre Öffnungen, um das Wasser zu halten. Je besser eine Tierart das beherrscht, desto höher siedelt sie in der Strandzone.

◀ LEBENSZONEN
Nur wenige Tierarten können oberhalb des Vorstrands existieren. Er liegt innerhalb enger, durch die Gezeiten vorgegebener Grenzen. Auf Felsküsten leben manche Tiere in großen Kolonien. Im Hintergrund dieser Küste bilden Muschelbänke ein schwarzes Band zwischen den hellbraunen Seepocken und den gelben Flechten.

▲ GEZEITENTÜMPEL

An Felsküsten bleiben während der Ebbe oft viele Pfützen auf den Felsen stehen. Auf dem Oberstrand werden solche Tümpel schnell warm oder trocknen aus. Auf dem Mittelstrand hingegen bleiben sie länger kühl, weil sie nicht so lange der Sonne ausgesetzt sind. Hier versammeln sich viele Meeresbewohner, die nicht mehrere Stunden ohne Wasser überleben könnten. In den größten Tümpeln bleiben sogar große Fische.

▲ STRANDLEBEN

Ein Großteil der an Sandstränden und Watten lebenden Meerestiere sind grabende Muscheln und Würmer. Sie gehen während der Flut mithilfe von Fangarmen und Grabröhren auf Nahrungsfang. Man sieht sie zu Millionen. Wenn aber die Flut abgeflossen ist, sind sie verschwunden – weil sie sich eingegraben haben. Viele Watvögel, die bei Ebbe eintreffen, kennen ihre Verstecke und sind Experten im Ausgraben.

STRAND- UND KÜSTENVEGETATION

FELSKÜSTEN

In der Spritzwasserzone oberhalb der Springflutzone siedeln Blütenpflanzen wie diese Strandgrasnelke. Im Gegensatz zu anderen Arten kommt sie mit der ständigen Salzgischt zurecht und breitet sich deshalb über weite Küstengebiete aus, die von anderen Pflanzen gemieden werden. Bei steinig-felsigen Böden wachsen sie in den Felsnischen und Felsvorsprüngen, wo sich Humus durch Anwehung oder Anschwemmung angereichert hat.

SALZMARSCHEN

In kühl-gemäßigten Klimagebieten wuchern auf den oberen Strandabschnitten von Flussmündungen kleinwüchsige Pflanzen wie Strandflieder und Schlickgräser. Es sind ungewöhnliche Pflanzen, weil sie die tägliche Flut unbeschadet überstehen. Jede Pflanze hat ihre eigene Empfindlichkeit gegenüber Salzwasser und so wachsen sie in ganz bestimmten Gebieten über dem Mittelwasser. Sie besiedeln breite, schlammige Salzmarschen, die vielen Tieren als Lebensraum dienen.

MANGROVEN

Das tropische Gegenstück zur Salzmarsch sind Mangroven – Gebiete mit salztoleranten Büschen und Bäumen, die an die Gezeiten und den Schlammboden angepasst sind. Sie haben besondere Luftwurzeln, die aus dem Wasser ragen und den Sauerstoff der Luft aufnehmen. Das dichte Wurzelwerk filtert zudem Schlamm aus dem Wasser. So kann sich die Vegetation entlang der Küste ausbreiten. Mangroven dienen vielen Tieren als Lebensraum und mindern die Wucht von Sturmwellen.

SEEGRASWIESEN

Seegräser sind die einzigen Blütenpflanzen, die unter Wasser gedeihen. Sie bevorzugen sandigen Boden in geschützten Flachmeeren, Flussmündungen und Lagunen von Koralleninseln. Sie werden von Meeresschildkröten, Seekühen (Dugongs) und – bei Ebbe – von großen Vögeln wie Gänsen abgeweidet. Seegraswiesen sind ein wichtiger Zufluchtsort für Jungtiere und Kleingetier wie diese Seepferdchen. Seegras wird mitunter als ökologischer Dämmstoff verwendet.

LEBEN IN DEN POLARMEEREN

Die Küsten der Polarmeere sind öde und kahl, weil Pflanzen bei Eis und Frost nicht wachsen. Rund um die Antarktis folgen Robben und Pinguine dem jahreszeitlich wandernden Rand des Meereises, um im offenen Wasser zu jagen. Das bringt sie tief hinein in das Südpolarmeer. Im Nordpolarmeer verschließt winterliches Meereis fast den gesamten Ozean, sodass vielen Tierarten nur einige wenige offene Wasserstellen im Eis bleiben. Sobald das Eis im Frühsommer schmilzt, vermehren sich Phyto- und Zooplankton explosionsartig und das Meer strotzt vor Leben.

▲ KAHLE STRÄNDE
Die meisten Strände der Polarmeere sind öde und kahle Kies- und Felsküsten, die im Winter hartgefroren sind und vom Meereis im Rhythmus der Gezeiten geschrammt werden. Tiere, die vom Ozean leben, stört das kaum. Walrosse kommen an Land, um in der Sonne zu dösen und sich zu erwärmen. Ihre rosa-braune Haut hebt sich von den noch kalten Tieren ab, die gerade noch fischten.

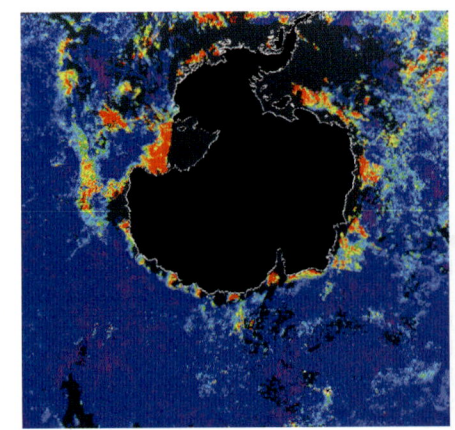

@►► Küstenbewohner

NÄHRSTOFFREICHE GEWÄSSER ▶
In polaren Flachmeeren wirbeln Stürme Nährstoffe vom Meeresboden auf und mischen sie mit Oberflächenwasser. Das Zooplankton – in diesem Satellitenbild in Rot- und Gelbtönen dargestellt – vermehrt sich dann sehr stark und bereitet den anderen Meerestieren einen »gedeckten Tisch«, wenn das Packeis schmilzt.

EISKANÄLE UND POLYNJAS

▲ SCHWÄRMENDER KRILL
Sobald im Südpolarmeer das Phytoplankton »blüht«, ziehen riesige Schwärme Krill durch die Gewässer, um zu fressen. Diese Kleinkrebse sind wiederum die Hauptnahrung der meisten antarktischen Tierarten. Dazu zählen die riesigen Wale ebenso wie viele Pinguine, Seevögel und Robben. Wenn ein Blauwal ein Maul voll Wasser mit Krill nimmt, drückt er das Wasser durch seine Barten wieder hinaus – der Krill bleibt im Maul und wird geschluckt.

Im Winter und Frühling wirken die wenigen eisfreien Bereiche im Nordpolarmeer wie Magnete auf marine Säugetiere wie diese Narwale. Sie finden ihre Nahrung im Wasser, müssen aber zum Atmen auftauchen, was bei zugefrorenem Meer sehr schwierig wird. Breite Polynjas, große offene Wasserflächen im Meereis, und schmale Eiskanäle wie dieser im Bild, ziehen auch viele fischende Seevögel im Frühjahr an. Die meisten Polynjas gehen im Frühling auf, sobald das Packeis weich wird. Nur manche, wie in der Nares-Straße zwischen Kanada und Grönland, bleiben auch im Winter eisfrei.

JAGEN UNTER DEM EIS ▶
Viele Robben jagen Fische und Kalmare unter dem Meereis. Zum Luftholen tauchen sie auf. Wenn sich das Packeis im Winter ausbreitet, bleiben die Weddellrobben zurück und jagen unter dem Eis. Zum Atmen benutzen sie Eislöcher, die sie selbst herstellen, indem sie vorhandene Risse abknabbern und erweitern. Das schadet ihren Zähnen, was manchmal sogar zu tödlichen Entzündungen führt.

◀ **EISKALTES WASSER**
Meerwasser gefriert bei −1,8°C und ist damit kälter als der Gefrierpunkt von Süßwasser (0°C). Tiere, die unter dem Packeis leben, laufen daher Gefahr, dass einzelne Körperteile erfrieren. Viele Fische der Polargebiete überleben, weil ihre Körperflüssigkeiten natürliche Gefrierschutzmittel enthalten. Da auf dem Meeresboden unter dem Eis kein Mangel an Nahrung herrscht, wimmelt es hier nur so vor solchen Fischen.

▶ **ROBBENKOLONIEN**
In der Arktis bringen die Robbenmütter ihre Jungen auf dem Eis zur Welt. Sattelrobben leben in großen Kolonien auf dem driftenden Packeis, das keinen Schutz vor ihrem größten Fressfeind, dem Eisbär, bietet. Die Robbenmütter säugen ihre Jungen mit ihrer nahrhaften Milch nur zwölf Tage lang, bevor sie wieder ins Meer zurückkehren.

◀ **BRÜTENDE PINGUINE**
Die meisten Pinguine brüten während des antarktischen Sommers auf felsigen Stränden, damit kein Eis ihre Eier beschädigen kann. Viele Arten, wie der Königspinguin, brüten auf den antarktischen Vorinseln, die länger eisfrei bleiben als der Kontinent. Beide Eltern legen im Wechsel das Ei auf ihre Füße und bedecken es mit einer Hautfalte. Die verwandten Kaiserpinguine machen es genauso, nur brüten sie auf Meereis und wärmen das Ei während des harten antarktischen Winters.

◀ **EISBÄREN**
Dieser Bär ist spezialisiert auf Beutetiere im Meer und lebt auf dem arktischen Meereis. Er frisst bevorzugt Robben, im Frühling vor allem Ringelrobbenbabys. Er folgt je nach Jahreszeit dem schmelzenden oder wachsenden Packeisrand. Wenn im Sommer das Packeis großräumig zerfällt, müssen die Bären an Land schwimmen. Dort finden sie kaum Beute und so mancher Eisbär ist schon verhungert. Durch den Klimawandel ist ihre Zukunft massiv bedroht, da möglicherweise die Arktis ihr gesamtes Sommerpackeis verlieren wird.

KORALLENRIFFE UND ATOLLE

Das klare Wasser tropischer Ozeane enthält zwar nur wenig Nährstoffe, dafür finden wir dort eines der artenreichsten Ökosysteme der Erde – tropische Korallenriffe. Das Geheimnis ihres Reichtums ist die perfekte Partnerschaft zwischen kleinen Polypentieren namens Korallen und einzelligen Algen, die auf ihnen leben und wie Phytoplankton aus Sonnenenergie Nahrung herstellen. Die Korallen bilden massige Kalksteinriffe, in denen eine faszinierende Tier- und Pflanzenwelt gedeiht.

▲ KORALLEN
Korallen sind Hohltiere und mit den Seeanemonen verwandt, welche den gleichen zylindrischen Hohlkörper haben. Mit den giftpfeilbewehrten Tentakeln fangen sie kleine Tiere. Viele Arten leben in vernetzten Kolonien. Die tropischen Riffbildner beherbergen in ihrem Gewebe mikroskopisch kleine Algen, die Zooxanthellen. Diese versorgen die Korallen mit Kohlenhydraten, die sie mittels Fotosynthese herstellen. Im Gegenzug gibt die Koralle Reste gefangener Beute ab.

KORALLEN ALS RIFFBILDNER ▶
Riffkorallen brauchen Licht, daher leben sie nur in klarem, flachem Wasser. Ihre Weichkörper stecken in einem Skelett aus Kalkstein, deren Gesamtheit das Riff bildet. Vom Meer aus steigen Korallenriffe steil an und gehen in flache Lagunen über.

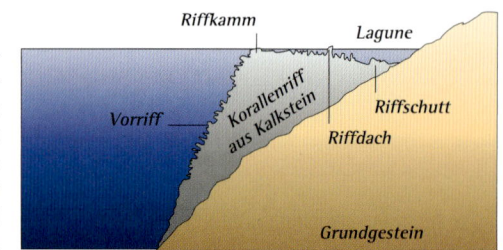

Riffkamm — *Lagune* — *Korallenriff aus Kalkstein* — *Vorriff* — *Riffschutt* — *Riffdach* — *Grundgestein*

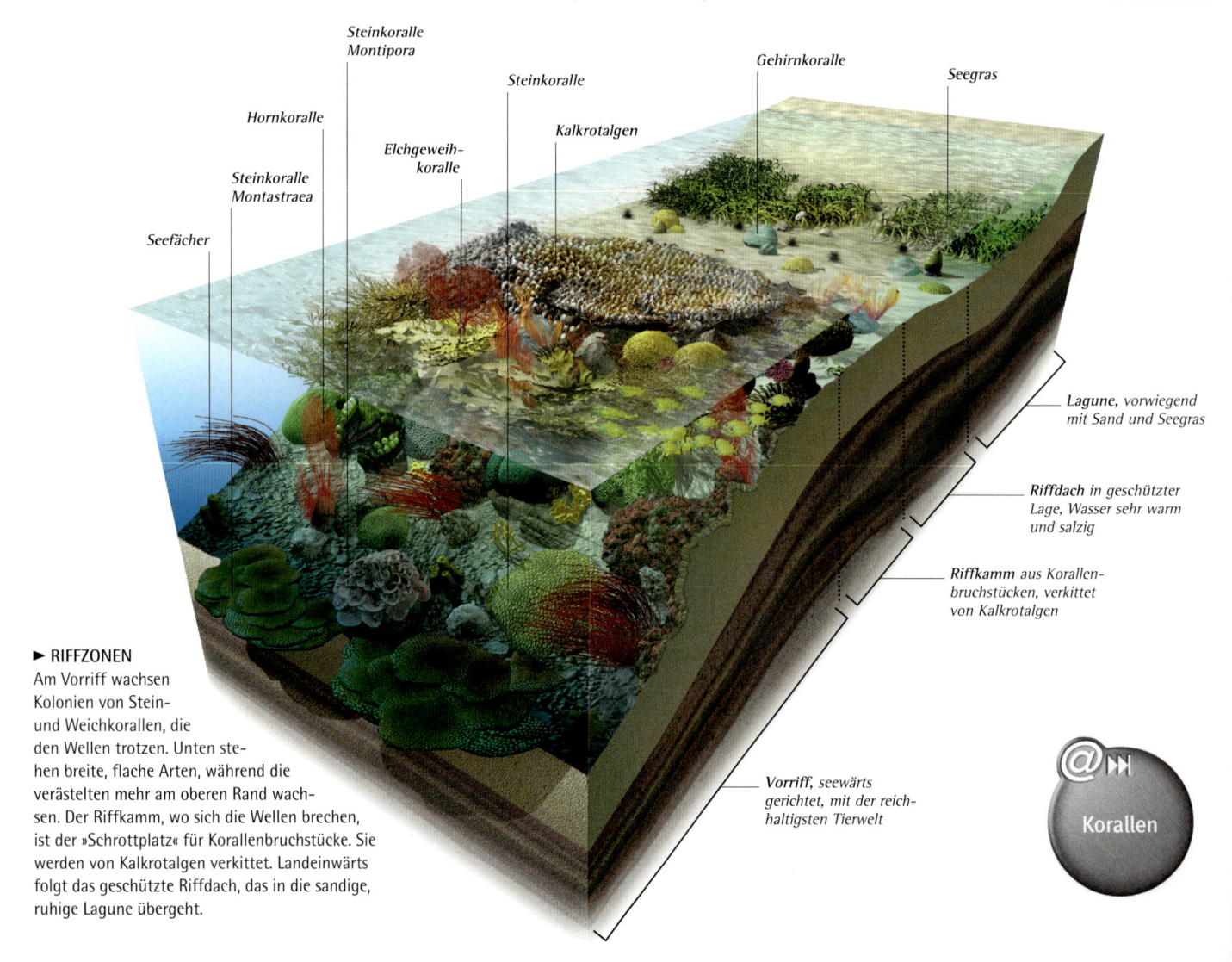

Seefächer — *Steinkoralle Montastraea* — *Hornkoralle* — *Steinkoralle Montipora* — *Elchgeweihkoralle* — *Steinkoralle* — *Kalkrotalgen* — *Gehirnkoralle* — *Seegras*

Lagune, vorwiegend mit Sand und Seegras

Riffdach in geschützter Lage, Wasser sehr warm und salzig

Riffkamm aus Korallenbruchstücken, verkittet von Kalkrotalgen

Vorriff, seewärts gerichtet, mit der reichhaltigsten Tierwelt

▶ RIFFZONEN
Am Vorriff wachsen Kolonien von Stein- und Weichkorallen, die den Wellen trotzen. Unten stehen breite, flache Arten, während die verästelten mehr am oberen Rand wachsen. Der Riffkamm, wo sich die Wellen brechen, ist der »Schrottplatz« für Korallenbruchstücke. Sie werden von Kalkrotalgen verkittet. Landeinwärts folgt das geschützte Riffdach, das in die sandige, ruhige Lagune übergeht.

@▶▶ Korallen

LEBEN IM KORALLENRIFF

FISCHE DES RIFFS
Im Riff lebt eine Unzahl bunter Fischarten. Einige fressen Korallen oder Algen, andere jagen nach Kleintieren in ihrem Umfeld. Korallenriffe beherbergen von allen Meeresökosystemen die meisten Tierarten und jede davon lebt in einer speziellen Nische. Nur die Gesamtmasse der Fische erreicht nicht jene der großen Fischschwärme in den kalten Auftriebszonen.

PUTZERGARNELEN
Im Riff tummeln sich Schalentiere wie Meeresschnecken und farbige Nacktkiemer, Seeigel und Krebstiere. Putzergarnelen ernähren sich, indem sie Parasiten auf Haut und Kiemen von Fischen abweiden. Die Fische suchen für diesen Service gezielt Putzerstationen auf und stehen dort Schlange. Obwohl die Fische kleine Tiere fressen, greifen sie nie Putzergarnelen an.

RIESENMUSCHELN
Diese gewaltigen Muscheln verstecken sich in Felsspalten, wo sie bis zu 1,5 m groß werden. Sie sind Planktonfiltrierer. Zudem beherbergen sie wie die Korallen in ihrem weichen Gewebe Zooxanthellen, die ihnen Kohlenhydrate als Energiequelle liefern. Die größten Riesenmuscheln können ihre Schalen nicht ganz schließen, weshalb sie auch nicht zuschnappen können.

RIFFHAIE
Im Riff patrouillieren große Räuber wie dieser Riffhai auf der Suche nach Beute. Meist lauern sie im tieferen Wasser vor dem Vorriff auf Tiere, die sich aus dem Schutz des Riffs wagen. Manchmal gelangen die Haie auch über einen Durchschlupf im Riff in die flache Lagune. Viele Riffhaie jagen nachts und spüren mit ihren empfindlichen Sinnesorganen ihre Beute auch im Dunkeln auf.

▶ ATOLLE
Die zahllosen Vulkaninseln im tropischen Pazifik sind meist von Saumriffen umkränzt. Sobald ein Vulkan erlischt, beginnt die Insel aufgrund ihrer Masse abzusinken, gleichzeitig bauen Korallen das Riff empor. Mit weiterer Absenkung entwickelt sich ein Barriereriff und schließlich ein ringförmiges Atoll mit einer Lagune im Zentrum.

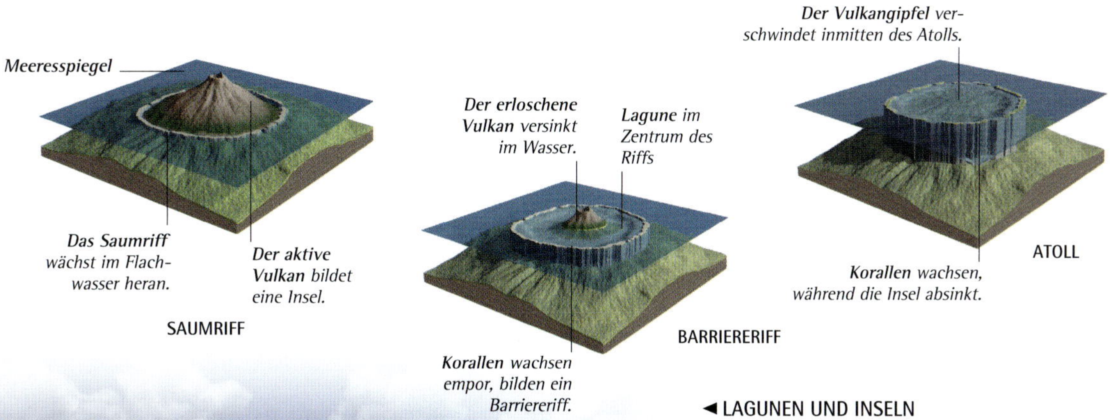

Meeresspiegel

Das Saumriff wächst im Flachwasser heran.

Der aktive Vulkan bildet eine Insel.

SAUMRIFF

Der erloschene Vulkan versinkt im Wasser.

Lagune im Zentrum des Riffs

Korallen wachsen empor, bilden ein Barriereriff.

BARRIERERIFF

Der Vulkangipfel verschwindet inmitten des Atolls.

Korallen wachsen, während die Insel absinkt.

ATOLL

◀ LAGUNEN UND INSELN
Das von der Sonne erwärmte Lagunenwasser kann 35°C und mehr erreichen. Das ist zu warm für festsitzende Korallen, aber frei bewegliche Tiere wie Haie kommen dorthin, wenn das Wasser kühler ist. Flache, mit Palmen bestandene Inseln, die aus Korallenschutt und -sand bestehen, werden von Schildkröten und Fregattvögeln zum Nisten aufgesucht.

DORNENKRONENSEESTERN
Dieser Seestern frisst Korallen, indem er seinen Magen über sie stülpt. Wenn er in Massen auftritt, kann er eine Bedrohung selbst für große Korallenkolonien werden. Dann bleibt nur ein totes weißgebleichtes Kalkriff übrig. Glücklicherweise brechen solche Invasionen schnell zusammen, weil bald keine Beute mehr zu machen ist. Dann kann sich das Korallenriff wieder erholen.

DER OFFENE OZEAN

In der Tiefsee liegen die Nährstoffe, von denen das Plankton lebt, auf dem Meeresboden weit unterhalb der Lichtzone. Das heißt, dass es tiefen Meeren oft an Plankton mangelt, besonders den tropischen Ozeanen, wo sich die warme Oberfläche selten mit kaltem Tiefenwasser mischt. In kalten Meeren wirbeln periodische Stürme Nährstoffe vom Boden auf und lösen so an der Oberfläche Planktonblüten aus. In den Tropen sorgen Auftriebszonen für ein reiches marines Leben.

MISCHWASSERZONEN

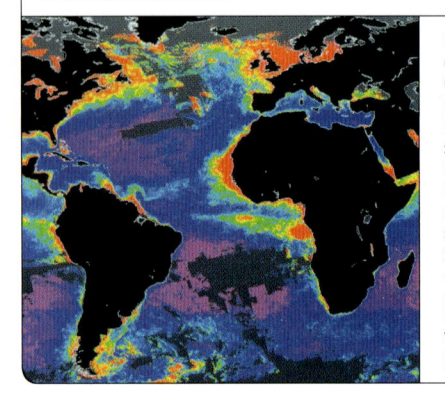

Im Satellitenbild verraten sich die planktonarmen tropischen Gewässer durch rosa und blaue Farben. Orange, Gelb und Grün hingegen deuten auf nährstoffreiche Zonen von hoher Planktondichte hin, die sich in kalten Meeren und Auftriebszonen befinden. Hier steigt nährstoffreiches Tiefenwasser durch Strömungen zur Oberfläche empor. In kalten Ozeanen besorgen das Stürme und absinkendes kaltes Oberflächenwasser. Diese Vermischungen sorgen für eine bessere Verteilung der Nährstoffe.

▲ **AZURBLAUES WASSER**
Im offenen Meer der Tropen schwimmt das aufgewärmte Oberflächenwasser als Schicht über dem kalten, nährstoffreichen Tiefenwasser. Beide mischen sich nicht und so bleiben die Nährstoffe für das Plankton, das in der Lichtzone lebt, unerreichbar. Das kristallklare Wasser verrät: Hier gibt es kein Leben.

▶ **NOMADEN DER MEERE**
In tropischen Meeren ist das Plankton extrem ungleich verteilt. Tiere, die sich davon ernähren wie Mantarochen oder Wale, müssen riesige Entfernungen zurücklegen, um die örtlich begrenzten Nahrungsquellen aufzusuchen. In kalten Meeren lösen die Planktonblüten zur Frühlings- und Herbstzeit große Wanderbewegungen aus. Jedes Jahr zur selben Zeit finden sich Fischschwärme, Delfine und Wale wie dieser Buckelwal zu wahren Fressorgien ein. Wenn ein Gebiet »abgegrast« ist, zerstreut sich die Nomadengesellschaft.

@▶▶ Offenes Meer

◄ **SUPERSCHNELLE JÄGER**
Die Räuber im offenen Meer sind so ausgerüstet, dass sie große Strecken in kurzer Zeit zurücklegen können. Zu ihnen zählen im Schwarm jagende Thunfische und Einzeljäger wie Haie und dieser Blaue Marlin. Marlins sind stromlinienförmig und kraftvoll und einige können über 80 km/h schnell schwimmen.

▲ **IM FRESSRAUSCH**
Kleine Planktonfresser ballen sich zu riesigen dichten Fischschwärmen zusammen, die große Räuber magisch anziehen. Durch blitzartige Richtungswechsel versuchen sie, die Jäger zu verwirren. Aber der Tumult und das Blut von Verletzungen ziehen viele weitere Räuber an, die häufig den ganzen Schwarm vernichten.

▼ **FLIEGENDE FISCHE**
Diese Fische haben flügelähnlich verlängerte Flossen, mit denen sie, nachdem sie mit Anlauf aus dem Wasser schießen, bis zu 50 m weit über die Wasseroberfläche segeln. So können sie Angreifern leicht entkommen. Andererseits fallen sie in der Luft häufig Seevögeln zum Opfer, die sie im Flug erhaschen.

► **TREFFPUNKT SEAMOUNT**
Der pazifische Meeresboden ist übersät mit erloschenen untermeerischen Vulkanen, den Seamounts. Hier haben sich oft Auftriebszonen entwickelt, die von kalten, nährstoffreichen Tiefenströmungen, die sich wirbelförmig am Hang eines Seamounts hochschrauben, angetrieben werden. So gedeiht örtlich begrenzt ein reiches Planktonleben und lockt viele Meerestiere an – bis hin zu Großräubern wie Haien. Viele Seamounts sind wie Oasen in den kargen tropischen Meeren.

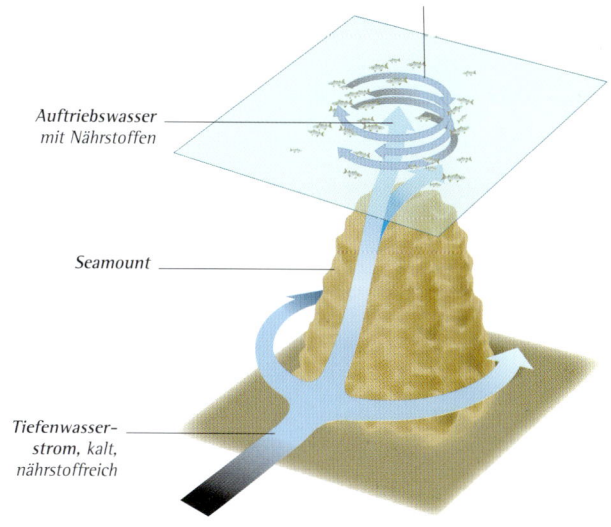

Wasserwirbel, angereichert mit Nährstoffen und Plankton

Auftriebswasser mit Nährstoffen

Seamount

Tiefenwasserstrom, kalt, nährstoffreich

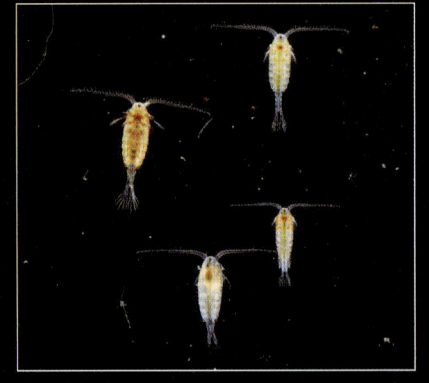

DIE TIEFSEE

In den dunklen Tiefen unterhalb der Lichtzone sind als Nahrungsquelle nur noch herabgesunkene abgestorbene Organismenreste zu finden. Verglichen mit dem Phytoplankton in der Lichtzone ist deren Nährwert nahezu unbedeutend. Alles Zooplankton, das in der Dämmerungszone lebt, steigt daher nachts zur Oberfläche auf, um zu fressen. Viele Fische folgen dem Plankton und werden ihrerseits Beute größerer Räuber. Viele der Tiefseefische können leuchten und haben große Mäuler mit langen Zähnen, was den Beutefang im Dunkeln erleichtert. Alle Tiere, die am Tiefseeboden leben, müssen sich mit Kadavern und zersetzten Resten begnügen.

▲ AUF UND AB
Zooplankton wie diese Ruderfußkrebse fressen nachts Phytoplankton nahe der Meeresoberfläche. Im Morgengrauen sinken sie wieder auf rund 1000 m Tiefe ab. Damit weichen sie hungrigen Fischen aus. Das tägliche Auf und Ab ist eine gewaltige Anstrengung für solche Kleinlebewesen.

Die reflektierende Silberhaut irritiert Feinde.

Mit hervorstehenden Augen hält er Ausschau nach Beute.

@ ▶▶ Tiefsee

◀ TIEFSEEBEILFISCH
Das Zooplankton der Dämmerungszone wird vom Tiefseebeilfisch gejagt. Mit seinen aufragenden Augen kann er die Beute im blauen Dämmerlicht, das mit der Tiefe zunehmend verblasst, erkennen. Seine Bauchseite enthält bläuliche Leuchtorgane, die seinen eigenen Schatten für tiefer schwimmende Räuber unkenntlich machen.

Glimmende Leuchtorgane mit Tarnwirkung

▶ UNHEIMLICHES GLIMMEN
Tausende von Tiefseebewohnern wie dieser Tintenfisch leuchten im Dunkeln. Ihre Leuchtorgane (Photophoren) erzeugen auf chemischem Weg ein kaltes Licht. Es dient zur Verwirrung der Fressfeinde, als Signalgeber für Artgenossen und zum Anlocken oder Ausleuchten ihrer Beute.

Die Leuchtorgane senden Nachrichten ins Dunkel.

◀ TIEFSEEMONSTER
In diesen Tiefen ist Beute Mangelware. Ihre Bewohner müssen daher alles packen, was sich bewegt. Der monströse Pelikanaal kann dank seines Riesenmauls und seines ballonartig dehnbaren Magens Beutetiere verschlingen, die so groß sind wie er selbst.

TEUFELSFRATZEN ▶
Viele Tiefseeräuber wie dieser Fangzahnfisch haben ein großes Maul mit langen Fangzähnen. Die meisten dieser Tiefseemonster sind allerdings recht klein, da die wenige Beute keine größeren Jäger ernähren könnte.

Breites Maul mit Fangzähnen

▲ EMPFINDLICHE SINNESORGANE
Tiefseeanglerfische locken mit leuchtenden Köderangeln über ihrem Maul die Beute bis in Reichweite ihrer scharfen Zähne. Einige dieser Fische nehmen mit ihren haarartigen Sensoren wie mit einem Bewegungsmelder jede Regung im Dunkeln wahr und finden so ihre Beute.

Haarförmige Sinnesorgane

◀ AASFRESSER DER TIEFSEE
Tote Tiere, die auf den Meeresgrund sinken, werden von einer Reihe von Aasfressern beseitigt. Dazu zählen etwa Tiefseekrebse (Flohkrebse, Garnelen), Grenadiere und diese aalartigen Schleimaale oder Inger. Viele Kadaver werden auf ihrem langen Weg in die Tiefe meist schon gefressen, bevor sie den Grund erreichen.

SCHLAMMFRESSER ▲
Die Tiefsee-Ebenen sind von Tieren wie den Seegurken bewohnt. Sie fressen Sedimente und verwerten deren Nährstoffe. Der Tiefseeschlamm enthält auch Krebse, Würmer und Kleinstlebewesen, von denen sie leben. Über jedes Körnchen, das zu Boden sinkt, machen sich diese Tiere her.

HYDROTHERMALE QUELLEN

Die vulkanischen mittelozeanischen Rücken sind übersät mit Heißwasserquellen, die chemische Lösungen ausstoßen. Diese hydrothermalen Quellen sind von zahllosen Tiefseebewohnern umgeben, die hier einen reich gedeckten Tisch vorfinden. Sie sind Teil einer besonderen Nahrungskette, die als eine der wenigen auf der Erde nicht von Sonnenenergie und herabsinkenden Kadavern abhängt, sondern einzig von den austretenden Chemikalien der »Schwarzen Raucher«.

◄ **CHEMISCHE WOLKEN**
Das heiße Wasser, das aus den Hydrothermalquellen austritt, führt gelöste Metallsulfide mit sich, die im kalten Meerwasser zu rußigen Festkörperpartikeln werden. Am Austritt steigt die Lösung wie eine schwarze Rauchsäule empor, weshalb man diese Quellen oft als »Schwarze Raucher« bezeichnet. Für viele Tiere sind sie tödlich. Aber es gibt Spezialisten, die diese Metallsulfide als Energiequelle nutzen.

@▶▶
Hydrothermale Quellen

NAHRUNGSPRODUKTION

Die Gesteine rund um hydrothermale Quellen sind mit weißen Bakterienmatten überzogen. Diese Bakterien können den giftigen Schwefelwasserstoff aus der Quelle aufnehmen und daraus zusammen mit Sauerstoff Energie herstellen. Die Energie hilft dabei, in einem Prozess namens Chemosynthese aus Wasser und gelöstem Kohlendioxid Zucker zu produzieren – ganz ähnlich dem der Fotosynthese, aber ohne Sonnenlicht. Vermutlich ist er einer der ältesten Prozesse, den schon die ersten Lebewesen auf der Erde zur Energiegewinnung und Nahrungserzeugung genutzt haben.

POMPEJIWURM ▶
Das aus hydrothermalen Quellen herausströmende Wasser kann erstaunlich heiß sein – bis zu 450° C und mehr. Dennoch halten es einige Tiere ganz nah am überhitzten Quell aus. Die 10 cm langen Pompejiwürmer leben auf den Schloten, die sich rund um die Quellen aufgetürmt haben: Der Kopf steckt im etwa 20° C heißen Wasser, der Schwanz aber im mehr als 70° C heißen Wasser. Andere Tiere würden diese Temperatur nicht aushalten.

▲ TIEFSEEKRABBEN
Die Bakterienmatten auf pazifischen Hydrothermalschloten werden von Unmengen blinder, weißer Tiefseekrabben abgeweidet. Ähnliche Krabbenschwärme fressen auf atlantischen Schloten. Auch große Kolonien von Muscheln nutzen die Bakterien: Sie lassen sie auf den Kiemen wachsen. Mit so einer zuverlässigen Nahrungsquelle wachsen die Muscheln rasch zu wahren Riesen mit Schalen von 25 cm Länge heran.

RIESIGE BARTWÜRMER ▶
Die spektakulärsten Tiere der Hydrothermalquellen sind die gigantischen Bartwürmer. Sie werden bis zu 2 m lang und tragen rot leuchtende Kiemenbüschel. Rund um die Schlote herum bauen sie ihre Wohnröhren. Bakterien in ihrem Körperinnern nutzen die Quellchemikalien und erzeugen daraus Nährstoffe, von denen sich die Würmer ernähren und so schnell zu ihrer enormen Größe heranwachsen. Diese Symbiose funktioniert ähnlich wie bei den Korallen, die von Zooxanthellen ernährt werden.

▲ METHAN TRITT AUS
Ähnliche Lebensgemeinschaften fanden Forscher im Umfeld von Methanaustritten auf dem Meeresboden. Der hohe Wasserdruck lässt das Methan, ein Naturgas, sofort zu Methanhydrat, einer Art Methaneis gefrieren. Daraus gewinnen Bakterien Energie und bilden Nährstoffe, die anderen Tieren zugute kommen.

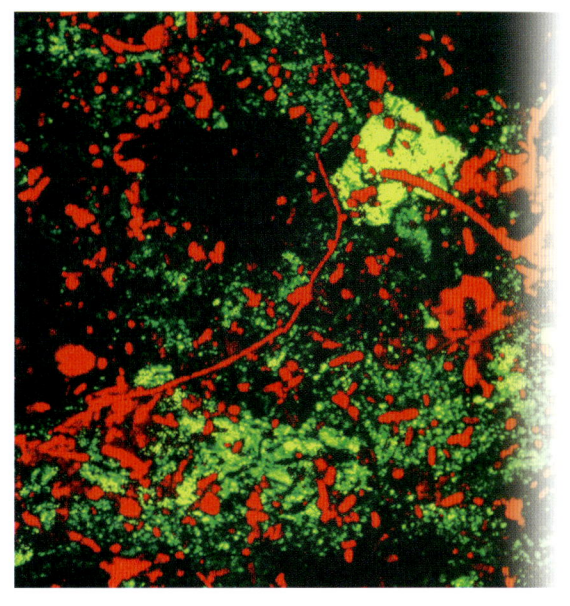

◀ LEBEN IM SEDIMENT
Bakterien, die durch Chemosynthese Energie und Nährstoffe herstellen, wurden auch tief in Sedimenten des Meeresbodens, die bereits verfestigt waren, gefunden. Die hier in Rot zu sehenden Organismen verwandeln Wasserstoff und Kohlendioxid in Methan, von dem sie leben. Ihre Fähigkeit an extremen Orten zu leben, legt nahe, dass so das erste Leben auf der Erde entstanden sein könnte. Auch könnten diese Organismen an anderen extremen Orten wie dem Mars überlebt haben.

MINERALE IM OZEAN

Seit Jahrhunderten nutzen die Menschen das Meer als Rohstoffquelle, z. B. für Meersalz, Sand, Korallen oder Perlen. Die Rohstoffe auf dem oder im Meeresboden blieben dagegen lange verborgen. Erst im 20. Jahrhundert gelang es, sie mittels moderner Technik aufzuspüren und abzubauen. Die wichtigsten Rohstoffe sind Erdgas und Erdöl, die unter dem Kontinentalschelf zu finden sind. Der Ozean ist auch eine wichtige Quelle für Sand und Kies und sogar Diamanten kann man hier finden. Aber viele wertvolle Erzminerale sind schwierig zu erschließen, besonders jene im Tiefseeboden.

▲ MEERSALZ
Das weitaus häufigste Mineral im Meer ist das Natriumchlorid oder Meersalz. Man gewinnt es durch Verdunstung des Meerwassers in flachen Salzgärten. Dieser einfache Vorgang ist tausende Jahre alt und deckt immer noch rund ein Drittel des globalen Salzbedarfs.

► SÜSSWASSER
Manche Länder gewinnen Trink- und Brauchwasser aus dem Meer. Die Meerwasser-Entsalzungsanlagen sind aufwendig, teuer und energieintensiv, daher können sich das nur reiche Länder wie die Golfstaaten im Nahen Osten leisten. Diese Anlage hier steht in Kuweit am Persischen Golf. Das benachbarte Saudi-Arabien stellt etwa ein Viertel des weltweit durch Entsalzung erzeugten Trinkwassers her.

ERDÖL UND ERDGAS

Die mächtigen Sedimente unter dem Meer enthalten riesige Reserven an Erdöl und Erdgas, die einst aus den Resten von Meeresorganismen entstanden sind. Zurzeit fördert man vor allem unter dem Kontinentalschelf. Aber Plattformen wie diese können bereits bis 3000 m tief bohren. Auch Tiefen bis 5000 m unter dem Meeresboden werden bald möglich sein.

◀ **BAUROHSTOFFE**
Große Mengen an Kies und Sand für die Bauindustrie werden an Flachküsten ausgebaggert. Kräne und Schwimmbagger arbeiten an flachen Stränden, große Baggerschiffe auch in tieferen Gewässern. Reiner Quarzsand wird zur Herstellung von Glas und Silizium verwendet.

◀ **MANGANKNOLLEN**
Viele Tiefseeböden sind mit kartoffelgroßen Knollen übersät, die wertvolle Metalle wie Kobalt, Mangan, Kupfer und Titan enthalten. Viele Unternehmen beschäftigen sich zurzeit damit, wie diese Knollen aus über 4000 m Tiefe geborgen werden können.

◀ **PERLEN UND DIAMANTEN**
Seit Jahrhunderten werden die in Austern heranwachsenden Perlen von Perlentauchern gesammelt. Wertvoller noch sind die Diamanten, die in den sandigen Schelfgebieten vor Namibia (Südwestafrika) vorkommen. Sie wurden von ehemaligen Flüssen einst hier abgelagert.

Minerale

◀ **METALLE UND METHAN**
Die hydrothermalen Schlote der mittelozeanischen Rücken stoßen überhitztes metallreiches Wasser aus. Obwohl sie tief im Ozean liegen, hofft man, diese Rohstoffe abbauen zu können. Große Vorräte an gefrorenem Methanhydrat, aus dem man Gas gewinnen könnte, befinden sich vermutlich unter Sedimenten des Kontinentalschelfs. Der Abbau ist allerdings riskant, weil unbeabsichtigtes Abgasen des Methans die Atmosphäre belasten und das Weltklima verändern könnte.

ENERGIE AUS DEM MEER

Das Meer ist ein rastloser Platz: Haushohe Wellen entfesseln Kräfte, die Beton zerschmettern können. Gezeiten und Meeresströme transportieren gewaltige Wassermassen durch die Ozeane. Kontinentübergreifende Windsysteme bringen das Meer in Aufruhr. All diese Kräfte kann man nutzen und unermessliche Mengen sauberer Energie gewinnen. Seit Jahrzehnten verbrennen Menschen Holz, Kohle, Erdöl und Erdgas. Damit haben wir die Erdatmosphäre verschmutzt und aufgeheizt. Weil diese Energiequellen bald versiegen, ruht die Hoffnung auf Energie aus dem Meer.

◄ VERGESSENE KUNST
Bevor die Kohle Ende des 18. Jahrhunderts zum wichtigsten Energieträger wurde, gab es nur erneuerbare Energien. Um Eisen zu gewinnen, nutzte man Wasserkraft und Holzkohle, die in Kohlenmeilern hergestellt wurde. Schiffsflotten bestanden aus Segelschiffen und es gab von Gezeiten angetriebene Mühlen.

► WELLENENERGIE
Die Kraft, die in Wellen steckt, spürt jeder, doch ist es schwer, sie zu nutzen. Diese Anlage in Schottland wandelt die Energie der Wellen in Druckluft um. Damit werden zwei Generatorturbinen angetrieben, die Strom erzeugen. Dieses System funktioniert gut, aber nur, weil an dieser Küste das ganze Jahr große Wellen anbranden.

▲ WINDENERGIE
Mit Windkrafträdern wird bereits in großem Stil die Energie des Windes in elektrische Energie umgewandelt. Neben vielen Landanlagen werden zunehmend welche im Flachmeer gebaut, weil hier der Wind verlässlicher und stärker bläst. Der größte Windpark der Erde steht vor der Küste Dänemarks. Er deckt ein Fünftel des dänischen Energiebedarfs.

GEZEITENKRAFTWERK ▶

Die Kraft der Gezeiten lässt sich mithilfe von Staudämmen nutzen, die quer über die Trichtermündung eines Flusses gebaut sind. Im Damm sind Generatorturbinen eingelassen, die den Wasserlauf von Flut und Ebbe nutzen. Dieses bei St. Malo (Frankreich) installierte Kraftwerk läuft seit 1967. Größere Anlagen sind in Planung. Sie werden so gebaut, dass Tier- und Pflanzenwelt möglichst geschont werden.

▲ MEERESSTRÖMUNGEN

Die unermüdliche Energie der Meeresströme ist bis heute ungenutzt. Es gibt aber Pläne, den riesigen Fluss des Golfstroms zwischen Florida und den Bahamas »anzuzapfen«. Die Grafik zeigt, wie die Ingenieure diese Aufgabe mithilfe von Unterwasserturbinen umsetzen wollen. Sie rechnen mit einer Ausbeute wie bei einem Kernkraftwerk.

▲ DAS SEGEL NEU ERFINDEN

Mit ihrem großen Ladevolumen sind Schiffe ein extrem leistungsfähiges Transportmittel. Selbst normale Frachter verbrauchen pro Ladeeinheit viel weniger Kraftstoff als Flugzeuge. Noch besser wird ihr Wirkungsgrad, wenn man den Wind mitnutzt, z. B. mit reißfesten Paraglidern oder mit riesigen aufblasbaren Drachen.

FISCHEREI UND AQUAFARMING

Seit jeher betreiben die Menschen in Küstengewässern Fischfang. Oft nutzen sie noch heute die alten Techniken. Immer mehr dominieren jedoch moderne Fangflotten den Fischfang. Diese fischen – ausgerüstet mit Radar, Sonar, Schleppnetzen und Kühlkammern – die Bestände leer. Die Aufzucht in großen Fischfarmen und Garnelengärten soll die bedrohten Wildfischarten schonen.

◄ KÜSTENFISCHEREI
In den meisten Küstenorten versorgt ein eigenes Fischereigewerbe die nahen Märkte mit frischem Fisch. Trotz einfacher Ausrüstung können die Fischer die Nachfrage befriedigen. Ihre kleinräumige Art des Fischens schont die Fischbestände und es besteht kaum die Gefahr, dass der Fisch ausgeht. Hier gilt die Bestandswahrung mehr als der Profit – aber nur so lange, wie kein industrieller Fischfang praktiziert wird.

◄ SCHWIMMENDE FISCHFABRIKEN
Den Großteil der weltweit verzehrten Fische liefern supermoderne Fabrikschiffe, die für Monate auf See bleiben. Das Aufspüren, Fangen, Verarbeiten und Einfrieren des Fischs erfolgt an Bord. Hauptfanggebiete sind der Nordatlantik und der Nordpazifik sowie die Küsten vor Peru, Chile und Südwestafrika. Manche Fangflotten fahren auch bis in das Südpolarmeer.

NETZE UND FANGLEINEN ►
Die einfachen Treibnetze, die früher auf See zum Einsatz kamen, sind heute den Ringwadennetzen gewichen, mit denen ganze Fischschwärme gefangen werden. Hinzu kommen Schleppnetze, die über Grund gezogen werden und z. B. zum Kabeljaufang dienen. Auf Thunfisch wird mit bis zu 120 km langen Leinen, an denen rund 10 000 Köderhaken befestigt sind, Jagd gemacht.

▲ GARNELENTEICHE

In Ost- und Südasien hat die Aquakultur Tradition. Fische und andere Meerestiere wie die Tigergarnele werden schon seit Jahrhunderten in künstlichen Teichen an der Flachmeerküste gezüchtet. Die Teichwirtschaft in Deutschland funktioniert ähnlich, sie nutzt allerdings Süßwasserteiche. Die Neuanlage von Garnelenteichen ist sehr umweltschädlich, weil dafür wertvolle Mangroven abgeholzt werden. Die von Gezeiten umspülten Mangroven sind die Laichgebiete sehr vieler Meerestiere. Wenn sie verloren gehen, fehlt ein wichtiger Küstenschutz vor tropischen Wirbelstürmen und Tsunamis.

▲ MUSCHELBÄNKE

Muscheln und Austern sind ideale Zuchttiere, weil sie sich selbstständig an Felsen oder Gegenständen anheften und sich nicht im Sand oder Schlick vergraben. Diese Muscheln an der französischen Atlantikküste sitzen auf Seilen, die um Holzpfähle gewunden sind. Im Rhythmus von Ebbe und Flut tauchen sie zweimal am Tag unter.

@ ►► Fischerei

► LACHSKÄFIGE

Die meisten Seefische lassen sich nicht in Gefangenschaft züchten – außer Lachse. Sie wachsen in Netzgehegen an der Küste auf, an Stellen, wo klares, kaltes Wasser durch die Gehege strömt. Durch die Massenfütterung und die Ausscheidungen der Fische können bisweilen die angrenzenden Gewässer umkippen. Aber die Lachszucht ist sehr erfolgreich und hat den Fangdruck auf Wildlachs deutlich verringert.

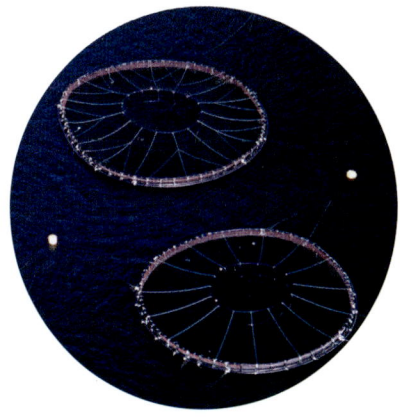

SATELLITEN UND FISHFINDER

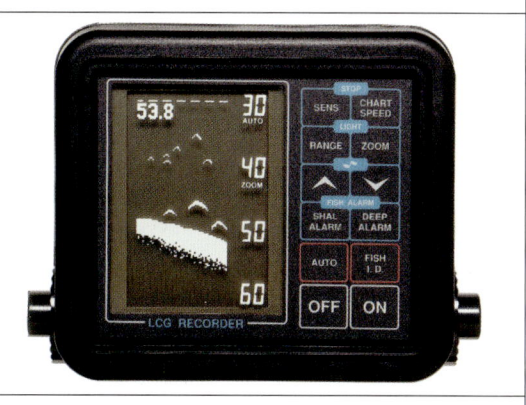

Fischerboote benutzen technisch aufwendige Geräte, um Fischschwärme zu finden. Viele haben Zugang zu Satellitenbildern, die zeigen, wo große Planktonwolken Fischschwärme anziehen. Andere haben spezielle Sonargeräte, so genannte Fishfinder, die auf Fische unter und neben dem Schiff ansprechen. Ihre Schallwellen dringen bis in die Dämmerungszone vor und stellen Schwärme als »Fischbögen« auf dem Display dar. Dieser Bildschirm zeigt einen Fischschwarm zwischen Oberfläche und Meeresboden, der als breites helles Band aufleuchtet.

► SEETANGFARMEN

Seetang ist ein erstaunlich wertvolles Material, weil er als Füllmittel in vielen Produkten auftaucht, sogar in Zahnpasta und Speiseeis. In vielen Gegenden Asiens wie China, Süd- und Südostasien wird er auch gegessen. Ein Großteil stammt aus wilden Beständen, in der Indisch-Südpazifischen Region wird er aber auch so erfolgreich kultiviert, dass seine Erträge diejenigen aller anderen Formen der Meeresaquakultur übertreffen. Diese Bäuerin bearbeitet gerade vor der Küste von Sansibar (Ostafrika) den Seetang eines großen Anbaugebiets.

ÜBERFISCHUNG UND BEIFANG

Die modernen Fangmethoden sind so erfolgreich, dass die Fischbestände weltweit zurückgehen. Größere Fangschiffe, bessere Netze und neueste Technik des Aufspürens von Fischen führen daher nicht mehr zu größeren Fangergebnissen – zwischen 1994 und 2003 nahm die Fangquote um 13 Prozent ab. Auch die Artenvielfalt hat sich verringert. Nicht bejagte Tierarten geraten als unerwünschter Beifang in die Netze: Meeresschildkröten, Seevögel, Delfine, Robben und unverwertbare Fische. Überfischung bedroht die Lebensgrundlage mancher Tiere wie die der Albatrosse.

WELTWEITE NACHFRAGE

Die starke Zunahme der Weltbevölkerung setzt viele natürliche Ressourcen unter massiven Druck. Besonders gefährdet sind die Meeresfischbestände. Zurzeit werden jährlich weltweit über 75 Mio. Tonnen Fisch gefangen. Ein Teil landet auf regionalen Märkten wie diesem hier, das meiste aber wird tiefgefroren oder in Dosen verpackt. Wird diese Entwicklung nicht gebremst, muss neben dem bereits starken Schwund spätestens 2050 mit einem völligen Zusammenbruch der globalen Fischvorkommen gerechnet werden.

◄ **SCHWÄRME VERSCHWINDEN**
Mithilfe von moderner Sonartechnik und Ringwadennetzen werden komplette Fischschwärme gefangen. Das hat Folgen für die genetische Vielfalt aller Meeresfische, weil zusammen mit dem Schwarm auch dessen genetisches Material verschwindet. Außerdem verringert sich die Möglichkeit für andere Schwärme sich genetisch auszutauschen.

▲ **FORTPFLANZUNG GEFÄHRDET**
Manche Fischarten, wie dieser Granatbarsch, pflanzen sich erst nach einigen Lebensjahren fort und selbst dann nur sehr langsam. Intensive Befischung kann er deshalb nicht durch Nachwuchs ausgleichen, die Bestände schrumpfen. Binnen kurzer Zeit drohen solche Arten auszusterben.

BEDROHTE FISCHARTEN

KABELJAU
Dieser Lieblingsfisch der Fischindustrie ist in zwei der ertragreichsten Gewässer extrem überfischt: in der Nordsee und der Neufundlandbank. Ein Weibchen legt zwar Millionen Eier ab, aber nur die wenigsten schaffen es bis zum erwachsenen Kabeljau.

THUNFISCH
Raubfische wie Thunfische sind viel seltener als die Fische, die sie jagen. Weil ihr Fleisch so beliebt ist, sind ihre Bestandszahlen innerhalb weniger Jahrzehnte erschreckend zurückgegangen. Einige Thunfischarten sind vom Aussterben bedroht.

HAI
Zahllose Haie werden nur wegen ihrer Flossen für die berühmte Haifischflossensuppe gefangen. Man schneidet sie ihnen bei lebendigem Leib ab und wirft den Körper wieder ins Meer. Manche Haiart ist inzwischen in ihrem Bestand bedroht.

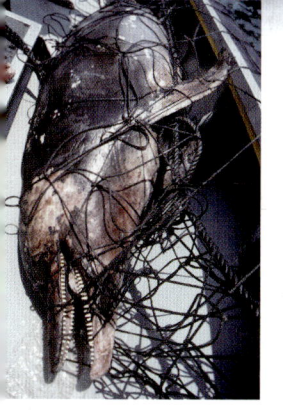

Fischerei

◄ WALFANG
Übernutzung betrifft nicht nur Fische, sondern auch die im Meer lebenden Wale. Als 1986 endlich der industrielle Walfang verboten wurde, kam das für einige Arten wie den Blauwal fast schon zu spät. Ihr Bestand erholt sich wegen der geringen Fortpflanzungsrate nur sehr langsam.

◄ DELFINE ALS BEIFANG
In den Netzen der großen Fangflotten verfangen sich alle Arten von Tieren. Dazu gehören unerwünschte Fischarten, aber auch luftatmende Säugetiere, die sich in den Netzmaschen verheddern, unter Wasser gezogen und ertränkt werden. Delfine folgen gern Thunfischschwärmen und gelangen mit ihnen ins Netz. Trotz technischer Versuche, das zu verhindern, erleiden viele tausend Delfine jährlich den Erstickungstod.

◄ TÖDLICHE ANGELHAKEN
Manche Fische fängt man mit Langleinen, die tausende Haken tragen. Da die Leinen hinter dem Boot nur wenig eingetaucht sind, versuchen Seevögel wie dieser Basstölpel die Köder zu erhaschen. Sie verfangen sich am Haken und werden ertränkt. Über 10 000 Albatrosse sterben so jährlich. Viele Tierschützer verlangen ein Ende der Langleinenfischerei, bevor den Albatrosarten das Aussterben droht.

SCHIFFSROUTEN UND TOURISMUS

Die Ozeane sind seit jeher wichtige Handelswege. Schiffe sind sehr leistungsfähige Transportmittel, um schwere, sperrige oder flüssige Güter wie Autos und Erdöl über weite Strecken zu verfrachten. Containerschiffe transportieren alle Arten von Stückgut wie Tiefkühlkost, Textilien und Computer. Die Meere sind auch Schauplatz des weltweiten Tourismus, nicht zuletzt, weil viele Menschen ihren Urlaub am Strand verbringen. Auch das Reisen auf Kreuzfahrtschiffen boomt, ebenso wie der Markt für Jachten und kleine Segelschiffe.

▲ **FRACHT- UND CONTAINERSCHIFFE**
Frachtschiffe sind die einzige wirtschaftliche Möglichkeit, Güter wie Erdöl, Kohle, Erze oder Autos über die Ozeane zu transportieren. Containerschiffe wie dieses können riesige Mengen Stückgut laden. Schiffe haben den Vorteil, vom Wasser getragen zu werden, weshalb die aufzuwendende Energie nicht in dem Maße steigt, wie die Masse der zu transportierenden Güter. Anders ist es bei Flugzeugen, bei denen sich jedes Kilogramm Ladung im steigenden Treibstoffbedarf niederschlägt.

▲ **SCHIFFSKANÄLE**
Durch den Bau des Suezkanals in Ägypten und des Panamakanals in Mittelamerika im 19. und 20. Jahrhundert verkürzten sich die alten Schiffshandelsrouten enorm. Die Durchbrüche der Landengen, welche die großen Ozeane trennen, erlauben selbst Ozeanriesen, direkt zwischen Atlantischem, Pazifischem und Indischem Ozean hin und her zu reisen. So müssen sie nicht die stürmischen Landspitzen von Südafrika und Südamerika umfahren.

@▶▶ Handel und Tourismus

◀ **GROSSE UMSCHLAGHÄFEN**
Die Gründung der meisten Küstenstädte geht auf den ertragreichen Seehandel zurück. Einige haben in ihrem Zentrum immer noch geschäftige Häfen, aber die größten Terminals befinden sich heute außerhalb der Stadt. Hier ist genügend Platz, um mit riesigen Kränen die Container der Schiffe zu löschen oder zu verstauen.

◀ **KREUZFAHRTSCHIFFE**
Früher waren Ozeanriesen die einzigen Transportmittel, um zwischen Kontinenten zu reisen. Heute geht es per Flugverkehr viel schneller. Dennoch gibt es inzwischen wieder gewaltige Personenschiffe, die mehr schwimmenden Luxushotels gleichen. Sie bringen ihre Passagiere zu exotischen Reisezielen wie die Antarktis oder die Karibik. Allerdings ist die eingesetzte Energie pro Passagier hoch, weil die Menschen im Vergleich zum Schiff leicht sind.

ABENTEUER SEGELN

Segeln ist ein beliebter Freizeitsport, ob mit eigenem oder gemietetem Boot. Die Schönheit des Meeres mit relativ einfachen Mitteln zu erfahren – als Gegensatz zur oft überregulierten und hektischen Arbeitswelt – das macht die Faszination des Segelns aus.

▲ **STRANDLEBEN**
Millionen Feriengäste überfluten jährlich die Strände, um Sonne und Wasser zu genießen. Seit dem rasanten Aufstieg des Flugverkehrs ist der Tourismus einer der größten Wirtschaftsfaktoren weltweit geworden und hat so entlegene Inseln wie Mauritius im Indischen Ozean erreicht. Viele Inselbewohner leben vom Tourismus. Aber der Bau von Hotelanlagen und Infrastruktur verursacht oft gravierende Umweltprobleme.

◀ **TAUCHTOURISMUS**
Um die küstennahe Unterwasserwelt zu erkunden, versuchen sich immer mehr Touristen im Gerätetauchen. Die Korallenriffe des Roten Meers, der Malediven, der Südsee und Australiens sind bei Hobbytauchern sehr beliebt und kleine Inselstaaten wie die Malediven hängen teilweise schon von Tauchtouristen ab. Andere Ferienorte bieten Whale Watching an, also Tauchgänge mit Walen und Delfinen, oder sogar mit Haien – allerdings im schützenden Stahlkäfig.

GEFÄHRDETE LEBENSRÄUME

Die Ozeane erscheinen unendlich groß und lange glaubte man, sie seien durch nichts zu beeinträchtigen. Ob Haus- oder Atommüll, Gifte oder Dünger, man nahm an, alles würde durch die Selbstreinigungskräfte der Ozeane verschwinden. Aber eine unheilvolle Kombination aus Überfischung, Verschmutzung und Küstenverbauung hat zur Zerstörung vieler Lebensräume und ihrer Bewohner im Meer geführt. Dort, wo das einst blühende marine Leben weitgehend verschwunden ist, ist die Zerstörung schon so weit fortgeschritten, dass sie unumkehrbar erscheint.

◀ ROTE KÜSTENGEWÄSSER
Riesige Mengen Abfall und Abwässer gelangen tagtäglich ins Meer. Sie können gefährliche Bakterien und Viren enthalten und manchmal lösen sie Planktonblüten aus, die zu giftigen roten Algenteppichen führen können. Wenn das Plankton verrottet, wird viel Sauerstoff verbraucht, was ein Massensterben verursachen kann.

Zerstörung

GIFTIGE SUBSTANZEN

ERDÖL
Erdöl entweicht aus Schiffstanks, Wracks oder defekten Bohrlöchern ins Meer. Es verschmutzt Strände, zerstört Küstenbiotope und vergiftet marine Ökosysteme. Oft überleben ölverseuchte Seevögel noch, bis Helfer sie gereinigt haben, sterben aber danach an verschlucktem Öl.

SCHWERMETALLE
Metalle wie Quecksilber und Blei kommen in Spuren auch im Meerwasser vor. Weit größere Konzentrationen enthalten Abwässer aus der Industrie. Sie können im Meer ganze Nahrungsketten vergiften. Mit schwermetallversuchten Muscheln erreicht die Schädigung auch die menschliche Nahrungskette.

PFLANZENSCHUTZMITTEL
Pflanzenschutzmittel erreichen über die Flüsse auch die Meere und können dort eine schleichende Vergiftung bewirken. Diese Chemikalien sind langlebig und reichern sich innerhalb der Nahrungsketten besonders im Körperfett von Raubtieren an. Das schwächt sie und macht ihren Nachwuchs krank.

▶ TÖDLICHER PLASTIKMÜLL
Plastikmüll gelangt ständig in großen Mengen in die Meere. Plastik ist weit beständiger als anderer Müll, daher bleibt es lange Zeit im Meer erhalten. Robben verheddern sich oft darin und strangulieren sich. Man fand im Magen von Lederschildkröten Plastikbeutel, die sie schlucken, weil sie ihrer Hauptnahrung, den Quallen, ähnlich sehen. Und viele Tiere gehen an Resten von Fischernetzen zugrunde, noch Jahre nachdem sie über Bord geworfen wurden.

▲ **TODESZONEN**
Viele Flüsse sind so vergiftet, dass sich in ihren Mündungsgebieten wahre Todeszonen gebildet haben. Eine der schlimmsten befindet sich seewärts des riesigen Mississippi-Deltas im Golf von Mexiko. Dort lagert der Strom über eine Fläche von über 22 000 km² giftige Flusssedimente ab, wie dieses Satellitenbild zeigt.

KÜSTENZERSTÖRUNG ▶
Der Tourismus hat häufig negative Auswirkungen, besonders in den Lebensräumen an den tropischen Küsten. Wo Mangroven gerodet wurden, ist die Küste den Tropenstürmen ausgeliefert. Dadurch wird der Boden von heftigen Regenfällen in das Meer geschwemmt, wo Korallenriffe und Seegraswiesen verunreinigt werden und absterben.

◀ **KORALLENRIFFE IN GEFAHR**
Viele tropische Korallenriffe sind durch unachtsame Taucher und durch die Anker von Motor- und Segelbooten beschädigt worden. Hinzu kommen ungeklärte Abwässer aus den nahen Hotelanlagen. In Indonesien betäuben illegale Fischer Rifffische mit giftigem Cyanid, um sie einsammeln und an Aquarienhändler verkaufen zu können. Dabei sterben auch viele andere Rifftiere.

KLIMAWANDEL

Die wohl größte Bedrohung für die Ozeane und ihre Küstenbewohner ist die Erderwärmung. Sie lässt das Polareis schmelzen, den Meeresspiegel steigen und heftige Tropenstürme werden häufiger. Das Meerwasser erwärmt sich und wird durch den steigenden Kohlendioxidgehalt saurer. Dadurch gehen Korallenriffe zugrunde und viele Lebewesen sind vom Aussterben bedroht. Meeresströmungen könnten sich ändern und falls wärmeres Wasser das Methaneis auf dem Meeresgrund auftaut, droht sogar eine Verstärkung der Erderwärmung.

▲ **DER TREIBHAUSEFFEKT**
Die Erdatmosphäre enthält geringe Mengen Treibhausgase, die auf dem Planeten für angenehme Temperaturen sorgen, indem sie einen Teil der Sonnenenergie einfangen und festhalten. Eines dieser Gase ist Kohlendioxid, das bei jeder Verbrennung freigesetzt wird. Die Verbrennung von fossilen Treibstoffen erzeugt Kohlendioxid im Übermaß, verstärkt den Treibhauseffekt und erwärmt die Erdatmosphäre.

▲ **SCHMELZENDES GLETSCHEREIS**
Steigende Temperaturen lassen das Polareis auf Grönland und in der Antarktis schmelzen. Das Schmelzwasser fließt in das Polarmeer, verringert dessen Salzgehalt und hebt weltweit den Meeresspiegel. In der Arktis ist die mit Meereis bedeckte Fläche dramatisch geschrumpft und damit auch die Jagdgründe der Eisbären, die darauf leben. Ohne Meereis sind sie vom Aussterben bedroht.

▲ **STEIGENDER MEERESSPIEGEL WELTWEIT**
Schmelzendes Gletschereis droht noch in diesem Jahrhundert den mittleren Meeresspiegel um 1 m oder mehr zu heben. Küsten mit großem Gezeitenunterschied oder Sturmflutrisiko sind am stärksten gefährdet. In Küstenstädten wie Schanghai (China) nimmt die Gefahr der Überflutung zu, Tiefländer wie Bangladesch könnten weiträumig versumpfen und flachen Inseln droht der Untergang.

◄ VERSIEGENDE MEERESSTRÖME

Schmelzwasser der abtauenden kontinentalen Gletscher fließt ins Meer. Dadurch wird das Wasser weniger salzig, weniger dicht, leichter und bleibt damit eher an der Oberfläche. Dieser Vorgang verringert das Absinken kalten arktischen Meerwassers. Durch dieses Absinken aber wird der warme Golfstrom – im Bild rot – in Richtung Norden angesaugt. Sollte es zu einer Abschwächung des Golfstroms kommen, könnte sich das Klima Nordeuropas und womöglich der ganzen Erde gravierend ändern.

KORALLENBLEICHE ►

Tropische Riffkorallen leben von winzigen Algen, die in ihrem Gewebe siedeln und sie mit Nährstoffen versorgen. Wird das Wasser zu warm, verlassen diese Zooxanthellen jedoch ihre Wirte. Dann sterben die Korallen und hinterlassen ein bleiches Skelett. Ein Viertel aller Korallenbänke starb 1998 an der Korallenbleiche. Die Erderwärmung lässt befürchten, dass das Korallensterben weitergeht.

◄ METHANAUSGASUNG

Kohlendioxid ist nicht das einzige Treibhausgas, das die Erderwärmung beschleunigt. Methan, das bei vielen Naturprozessen frei wird, ist sogar 24-mal wirksamer. Im Meeresboden sind vielerorts große Mengen Methaneis gespeichert. Wird es auch dort wärmer, droht Methan daraus zu entweichen. Es würde durch das Wasser aufsteigen und in der Erdatmosphäre den Treibhauseffekt dramatisch verstärken.

SAURES MEERWASSER

Ein großer Anteil des von uns durch Verbrennung freigesetzten Kohlendioxids wird von den Ozeanen aufgenommen – allerdings versauern sie dabei. Die Säurebestandteile greifen die Kalkschalen vieler Meerestiere und die Kalkskelette der Korallen an. Bei weiterer Versauerung des Meerwassers würden viele Korallenriffe und Schalen tragende Meerestiere verschwinden.

▲ STURMWARNUNG

Hurrikane entstehen stets über sehr warmen Meeren. Je wärmer sie sind, umso mehr Wasser verdunstet und steigt als Wasserdampf auf, was die Hurrikanbildung begünstigt. Auch scheinen Häufigkeit und Stärke der Stürme zuzunehmen, wenn die Temperatur der Tropenmeere steigt. Das Jahr 2005 war das bisher schlimmste Hurrikanjahr im Atlantik.

SCHUTZ DER MEERE

Wir alle lieben die Schönheit und den Artenreichtum der Meere und von ihrem Zustand hängt auch die Zukunft der Menschheit ab. Würden die weltweiten Fischbestände, die 20 Prozent des globalen Eiweißbedarfs versorgen, zusammenbrechen, käme das einer Ernährungskrise gleich. Außerdem weiß niemand, ob diese Katastrophe andere Lebensräume beeinflussen würde. Der Schutz der Meere ist notwendig, wenn wir solche Risiken vermeiden wollen. Das mag am Klimawandel vielleicht nichts ändern, aber wenn wir die Ozeane gesund erhalten, werden sie uns helfen, den Planeten zu retten.

◄ FANGQUOTEN
Die Fischerei wird heute von vielerlei internationalen Verträgen kontrolliert. Sie legen z. B. fest, wie hoch die Fangquote eines Schiffes sein darf. Manches Fangschiff wie hier auf Neufundland (Kanada) musste deshalb stillgelegt werden – ein hartes Los für Einzelne, aber sicher notwendig, um leer gefischte Küstengewässer zu vermeiden.

Schutz der Meere

MARINE SCHUTZZONEN ►
Mancherorts wurden Seegebiete zu Schutzzonen erklärt. Fischen und andere Aktivitäten sind verboten, um den Meerestieren genügend Raum zur Entfaltung zu geben. Das kann die Arten- und Gesamtzahl der Fische deutlich erhöhen. Fangfreie Zonen können auch positive Auswirkungen auf benachbarte Gebiete haben und helfen, dort die Fischbestände zu verbessern.

SCHONENDERE FANGTECHNIK

Lange Zeit entwickelte man neue Fangtechniken, um noch effektiver zu fischen. Heute geht der Trend dahin, gezielter fangen zu können und Beifang zu reduzieren. Langleinen, an denen Albatrosse oft zugrunde gehen, werden mit abschreckenden Bändern versehen oder vom Boot aus so tief geführt, dass die Köder für Vögel nicht erreichbar sind. Spezialnetze sind so beschaffen, dass sich Delfine befreien können. Erfolg hat das aber nur, wenn die Fischer diese Geräte auch verwenden.

◄ **STRENGERE BAUGESETZE**
Viele Touristenhochburgen sind durch Wildwuchs entstanden. Villen und Hotels sind oft ohne Bauleitplanung einfach entlang der Küste errichtet worden und haben die schöne Landschaft verschandelt, wegen der die Touristen eigentlich kommen. Häufig fehlen Kläranlagen und das Abwasser fließt ungeklärt ins Meer. Nur durch strenge Auflagen kann die Zersiedelung gestoppt werden.

► **UMWELT SCHÜTZEN**
Große Mengen Abwasser aus Städten und Ferienanlagen gelangen ungeklärt ins Meer. An manchen Küsten hat diese Praxis das marine Ökosystem schwer geschädigt. Gute Kläranlagen sind deshalb unverzichtbar, um den Lebensraum Küste wirkungsvoll zu schützen. Das gilt auch für einmündende Flüsse. Nicht zu vergessen ist das regelmäßige Reinigen des Strandes von weggeworfenem Müll.

◄ **ÖKOTOURISMUS**
Küstengebiete mit außergewöhnlichen Meeresbewohnern bieten anspruchsvollen Urlaubern spektakuläre Unternehmungen. Aber Angebote wie Whale Watching funktionieren nur, wenn die Tiere auch oft zu sehen sind. Für die Bewohner der Küsten lohnt es sich also, den Lebensraum der Tiere zu schützen.

EIGENES ENGAGEMENT ►
Man kann einiges zum Schutz der Meere tun. So bieten Umweltverbände Einkaufsführer an, in denen stark gefährdete Fischarten (Kabeljau, Rotbarsch) aufgelistet werden und stattdessen stabile Arten (Wildlachs, Seelachs) empfohlen werden. Außerdem gibt es ein Zertifikat des MSC (Marine Stewardship Council) für Fischereibetriebe, die versuchen, den Beifang zu reduzieren.

DIE ERFORSCHUNG DER OZEANE

um 1500 v. Chr. Die Polynesier beginnen mit der Besiedlung der meisten pazifischen Inseln. Hawaii und Neuseeland erreichen sie mit großen Ausleger-Segelbooten um 1000 v. Chr.

um 985 v. Chr. Schiffe der Wikinger landen an der Küste Neufundlands (Kanada), nachdem stürmische Winde sie von Island über Grönland kommend nach Südwesten bliesen.

1405–1433 Der chinesische Admiral Zheng He erkundet mit einer Flotte von 300 Schiffen den Indischen Ozean.

1492 Christoph Kolumbus überquert mithilfe der Passatwinde den Atlantik, um eine Westroute nach Indien zu finden. Stattdessen entdeckt er die Westindischen Inseln.

1519–1521 Der portugiesische Seefahrer Ferdinand Magellan wird von Spanien beauftragt, eine Seeroute nach Ostindien über den Pazifik zu erschließen. Nach seinem gewaltsamen Tod auf den Philippinen segelt seine Crew über den Indischen Ozean nach Europa zurück und macht die Weltumsegelung komplett.

1735 Der britische Physiker George Hadley entdeckt, wie die Erddrehung die Passate steuert. Nach ihm sind die Hadley-Zellen benannt, mit denen die globale Luftzirkulation erklärt wird.

1759 Der britische Uhrmacher John Harrison konstruiert die erste Präzisionsuhr, mit der erstmals die genaue Position des Längengrads auf See bestimmt werden kann.

1768–1779 Der britische Seefahrer James Cook unternimmt drei Entdeckungsfahrten in den Pazifik und das Südpolarmeer.

1770 Kapitän J. Cook und seine Crew entdecken das Große Barriereriff vor Ostaustralien, während sie ihr Schiff *Endeavour* auf Grund setzen.

Der amerikanische Erfinder und Staatsmann Benjamin Franklin gibt die erste Seekarte des Golfstroms heraus.

1805 Der britische Admiral Francis Beaufort entwickelt eine Einteilung für die Bewertung der Windstärke auf See.

1819 Der schweizerische Chemiker Alexander Marcet entdeckt, dass die chemische Zusammensetzung des Meerwassers überall gleich ist.

1831–1836 Der britische Naturforscher Charles Darwin führt die ersten ozeanografischen Forschungen während seiner Seereise auf der HMS *Beagle* durch.

1835 Der französische Physiker Gustave-Gaspard de Coriolis beschreibt, wie die Erddrehung die globalen Luft- und Meeresströmungen beeinflusst. Das ist der Coriolis-Effekt.

1839–1843 Der britische Seefahrer James C. Ross befehligt eine Südpolarexpedition und entdeckt das Ross-Meer und das Ross-Schelfeis.

1842 Charles Darwin veröffentlicht seine Theorie über Aufbau und Entstehung von Korallenriffen und Atollen. Erst um 1940 wurde seine Theorie bewiesen.

1843 Der britische Naturforscher Edward Forbes behauptet, dass unter 500 m Wassertiefe kein Lebewesen existiert, was zu einer Debatte über azooische (leblose) Zonen in Ozeanen führt.

1868–1869 Während einer Forschungsfahrt mit den Schiffen HMS *Lightning* und *Porcupine* fördert der schottische Zoologe Wyville Thomson Lebewesen aus 4390 m Tiefe zu Tage. Das widerlegt Forbes Annahmen einer leblosen Tiefseezone.

1869 Der Suez-Kanal zwischen dem Mittelmeer und dem Roten Meer wird nach elf Jahren Bauzeit fertig. 125 000 Opfer forderte der Bau.

1872 Der britische Physiker William Thomson (Lord Kelvin) entwickelt die drahtbetriebene Lotmaschine zur Messung der Meerestiefe. Sie misst genauer als die alten Seilgewichte.

1872–1876 Die HMS *Challenger* ist das erste erfolgreiche Meeresforschungsschiff. In vier Jahren legt es 110 900 km auf See zurück.

1874–1875 Charles Sigsbee von den US Marinepionieren entwickelt im Golf von Mexiko neue Methoden zur Kartierung des Meeresbodens.

1882 Das zu einem Meeresforschungsschiff umgebaute Dampfschiff *Albatross* der US Fischerei-Kommission sticht in See.

1883 Der Vulkan Krakatau zwischen Java und Sumatra explodiert. Tsunamis entstehen und töten 36 000 Menschen.

1893–1896 Der Norweger Fridtjof Nansen driftet mit der im Meereis festgefrorenen *Fram* durch das zentrale Nordpolarmeer und weist die Bewegung des Meereises nach.

1897 Die erste Ölplattform im Meer geht 90 m vor der Küste Kaliforniens in Betrieb.

1900 Die Küstenstadt Galveston (Texas) wird von einem Hurrikan der Stärke 4 schwer beschädigt. Über 8000 Menschen sterben.

1903 Der norwegische Entdecker Roald Amundsen leitet die erste Expedition zur Durchquerung der Nordwestpassage in der kanadischen Arktis.

1912 Der Ozeanriese *Titanic* sinkt nach dem Zusammenstoß mit einem Eisberg 700 km südöstlich von Neufundland. 1500 Passagiere ertrinken.

1914 Der Panama-Kanal zwischen der Karibik und dem Pazifik wird nach langen Bauarbeiten eröffnet.

1915 Der deutsche Meteorologe Alfred Wegener stellt seine Theorie der Kontinentaldrift vor. Demnach waren alle Kontinente einst in einem Superkontinent, den er später Pangäa nennt, vereint.

Der britische Entdecker Ernest Shackleton friert mit seinem Schiff *Endurance* im antarktischen Packeis fest. Sie wird 1300 km weit verfrachtet, bevor sie vom Eis zerbrochen wird.

1919 Französischen Technikern gelingt es zum ersten Mal, mit einem Sonar (Echolot) die Meerestiefe zu messen.

1924 Der russische Biochemiker Alexander I. Oparin vermutet, dass das Leben im Meer seinen Ursprung hatte. Er glaubt, dass sich einfache Substanzen zu komplexen Molekülen verbunden haben, die sich zu ersten Lebewesen weiterentwickelten.

1925–1927 Das deutsche Forschungsschiff *Meteor* erzeugt ein Sonarbild vom Mittelatlantischen Rücken.

1934 Die Amerikaner Charles Beebe und Otis Barton tauchen in einer stählernen Tauchkugel, der Bathysphäre, auf die Rekordtiefe von 923 m ab.

1943 Das erste Drucklufttauchgerät wird von dem französischen Meeresforscher Jacques Cousteau und dem Ingenieur Emile Gagnan entwickelt.

1948 Der amerikanische Ozeanograf Henry M. Stommel beschreibt die Grundlagen des Golfstroms und anderer Meeresströmungen und deren Wirkungen auf die globale Wärmeverteilung.

Die amerikanischen Meeresgeologen Bruce Heezen und Marie Tharp beginnen mit Sonardaten den Meeresboden abzubilden. Ihre »Karte des Ozeanbodens« erscheint 1977.

1954 Vor der Küste Westafrikas taucht das Tiefsee-Tauchboot FNRS-3 mit den Aquanauten Georges Houot und Pierre Willm auf 4040 m Tiefe ab und läutet damit eine neue Ära des Tiefseetauchens ein.

1955 Das US-Forschungsschiff Pioneer verwendet das erste Meeresmagnetometer und entdeckt magnetische Streifen auf dem Meeresboden vor der amerikanischen Westküste.

1958 Das amerikanische Atom-U-Boot USS Nautilus dringt unter dem arktischen Eis bis zum Nordpol vor und findet nur Wasser vor.

1959–1962 Der amerikanische Geologe Harry Hess entwickelt die Theorie der Ozeanbodenausbreitung ausgehend von mittelozeanischen Rücken.

1960 Jacques Piccard und Don Walsh stoßen mit dem Bathyskaphen Trieste bis zum tiefsten Punkt des Pazifik, dem Challenger-Tief im Marianengraben, hinab.

1961 Das Scripps-Institut für Ozeanografie in Kalifornien entwickelt das Deep Tow System, ein Bodensonar zur besseren Abbildung des Meeresbodens.

1963 Die britischen Geophysiker Frederick Vine und Drummond Matthews entdecken, dass magnetische Streifen in Meeresbodengesteinen das Hesssche Modell sich ausbreitender Meeresböden stützen.

Südlich von Island bricht auf dem Mittelatlantischen Rücken ein Vulkan aus und schafft die neue Insel Sursey.

Der kanadische Geologe Tuzo Wilson stellt die Theorie der Hot Spots auf – heiße, aus dem Erdmantel aufsteigende Magmaströme.

Das erste Mehrstrahlsonarsystem geht auf dem US-Forschungsschiff Compass Island in Betrieb.

1964 Der pazifische Meeresboden rutscht etwa 20 m weit unter Alaska und löst das stärkste je gemessene Erdbeben Nordamerikas aus.

Das vom Woods-Hole-Institut (USA) betreute Tauchboot Alvin geht auf Jungfernfahrt. Eine neue Ära intensiver Meeresforschung beginnt.

1967 Das Gezeitenkraftwerk La Rance bei St. Malo (Frankreich) beginnt mit der Stromerzeugung. Bei jeder Ebbe werden 240 000 Kilowatt Strom erzeugt.

1968 Das Bohrschiff Glomar Challenger kann Bohrkerne aus 1 km Tiefe unter dem Meeresboden gewinnen. Die Theorie der Ozeanbodenausbreitung bestätigt sich.

1970 Der schlimmste Tropensturm des 20. Jahrhunderts bricht über Bangladesch herein. Zusammen mit Sturmfluten fordert er weit über 300 000 Opfer.

1977 Wissenschaftler entdecken auf einem Tauchgang mit Alvin am Ostpazifischen Rücken hydrothermale Quellen.

1980 Ein einziger Erdölausbruch auf der Bohrplattform Ixtoc 1 in der Bucht von Campeche (Mexiko) verseucht mit 475 000 Tonnen Rohöl das Meer im Golf von Mexiko.

1982–1983 Ein extrem starker El Niño stellt im Zentral- und Ostpazifik das Wetter auf den Kopf. Die gesamte Küstenfischerei vor Peru und Ecuador bricht zusammen.

1985 Die dem Delta des Mississippi vorgelagerte Todeszone, verursacht durch giftige und schmutzige Einträge des Stroms, wird erstmals systematisch überwacht.

1989 Der riesige Erdöltanker Exxon Valdez läuft im Prince-William-Sund (Alaska) auf Grund und verliert 114 Mio. Liter Rohöl. Der Ölteppich vernichtet 250 000 Seevögel und 6000 Seeotter. Es ist der bisher schlimmste Ölunfall der Welt.

1990 Der amerikanische Geophysiker Syukuro Manabe zeigt im Computermodell, dass die Klimaerwärmung möglicherweise den Golfstrom abschwächen wird.

1995 Die bisher größte beobachtete Monsterwelle mit 33 m Höhe trifft den Ozeanriesen Queen Elizabeth II. vor Neufundland (Kanada).

Mithilfe von Radardaten des Satelliten Geosat fertigen Walter Smith und Dave Sandwell die erste wirklichkeitsgetreue Karte des Ozeanbodens an.

1998 Hohe Meerwassertemperaturen führen zu einer ausgedehnten Korallenbleiche. Dadurch wird etwa ein Viertel der weltweiten Korallenriffe zerstört.

Erdölsucher finden ein riesiges Kaltwasserriff im Nordatlantik vor Schottland. Es liegt in einer Tiefe von 1000 m und bedeckt eine Fläche von 100 km^2.

2000 Die Raumsonde Galileo enthüllt, dass der Jupitermond Europa unter einer Eisdecke möglicherweise große Mengen Wasser enthält. Es wäre der bisher einzige Himmelskörper im Sonnensystem mit einem Meer.

2002 Das Schelfeis Larsen B im nordwestlichen Weddellmeer (Antarktis) bricht aufgrund gestiegener Wassertemperaturen auseinander. Schuld dürfte die Erderwärmung sein.

2003 Das erste Gezeitenkraftwerk im offenen Ozean geht vor der südenglischen Küste (Devon) in Betrieb. Seine Turbine nutzt starke Gezeitenströmungen zur Stromerzeugung.

2004 Der Asien-Tsunami verwüstet die Küsten des Indischen Ozeans. Er fordert mehr Opfer und verursacht mehr Schäden als jede Katastrophe zuvor. Man schätzt die Zahl der Toten auf 230 000, davon 45 000 Vermisste.

2005 Der Hurrikan Katrina verursacht an der Küste Louisianas (USA) eine Sturmflut, die die Millionenstadt New Orleans unter Wasser setzt. Über 1500 Menschen sterben.

Ein internationales Team aus Ozeanografen warnt vor der zunehmenden Versauerung der Ozeane durch die Aufnahme von atmosphärischem Kohlendioxid. Marine Ökosysteme geraten dadurch in Gefahr.

2006 Bohrungen vor der Westküste Kanadas finden Methanhydrate in viel geringerer Tiefe als erwartet. Eine Förderung wäre damit deutlich wahrscheinlicher, gleichzeitig wächst die Sorge, dass natürliche Ausgasungen die Erderwärmung zusätzlich anheizen würden.

Wissenschaftliche Untersuchungen lassen befürchten, dass die Fischbestände bereits in einem Drittel der Fanggebiete zusammengebrochen sind, dass diese Verluste sich beschleunigen und dass bei anhaltendem Trend schon 2050 die Meere leer gefischt sein könnten.

2007 Das Südpolarmeer scheint weniger Kohlendioxid aufnehmen zu können als bisher, was die Klimaerwärmung beschleunigen dürfte.

GLOSSAR

Aasfresser Tiere, die Kadaver fressen.

Abtriebszone Zone im Meer, in der Meerwasser ständig absinkt.

Algen Pflanzenartige Mikroorganismen, die mithilfe von Sonnenlicht und Wasser Zuckerstoffe herstellen. Seetang sind große Algen.

Atoll Ringförmige Insel aus Korallenriffen, entstanden durch eine abgesunkene ehemalige Vulkaninsel.

Auftriebszone Zone im Meer, in der nährstoffreiches Meerwasser aus der Tiefe bis zur Oberfläche aufsteigt.

Bakterien Mikroorganismen mit einzelligem Körperaufbau. Einige Arten nutzen das Sonnenlicht oder chemische Reaktionen, um Nährstoffe herzustellen.

Barriereriff Korallenriff, das durch eine flache Lagune vom Festland getrennt ist.

Basalt Dunkles schweres Vulkangestein, das die ozeanische Kruste bildet. Tritt als Lava in Hot Spots und an mittelozeanischen Rücken aus.

Beifang Unerwünscht mitgefangene Fische, Schildkröten, Wale oder Seevögel in Netzen oder an Hakenleinen.

Biogener Tiefseeschlamm Weiches Sediment aus den Schalenresten von Mikroorganismen wie etwa Plankton.

Chemosynthese Nutzung der Energie chemischer Reaktionen, um Kohlenhydrate aus Wasser und Kohlendioxid herzustellen.

Chlorophyll Chemische Verbindung in Pflanzen und Algen. Es nimmt die Sonnenenergie auf und ermöglicht so die Fotosynthese.

Coccolithophoriden Mikroorganismen, deren Gehäuse, die Coccolithen, auf den Meeresboden der Tiefsee absinken und dort Kalkschlämme bilden.

Dämmerungszone Mittlere, blau schimmernde Wasserzone im Meer zwischen Licht- und Dunkelzone.

Delta Breites, häufig von Nebenarmen durchflossenes, aus Kies und Sand aufgeschüttetes Mündungsgebiet eines Flusses, z. B. des Mississippi.

Dichte Die Kompaktheit eines Stoffes. Je näher die einzelnen Teilchen gepackt sind, umso dichter ist die Substanz.

Divergente Plattengrenze Grenze zwischen zwei Platten der Erdkruste, an der sie auseinanderdriften, meist an mittelozeanischen Rücken.

DNS (Desoxyribonukleinsäure) Eiweißartige Substanz, auf deren Molekül alle Erbinformationen festgelegt sind, die die Eigenschaften eines Lebewesens bestimmen.

Drucklufttauchgerät Von Tauchern benutztes mobiles Luftversorgungssystem. Eine Flaschenfüllung hält je nach Typ mehrere Stunden.

Dunkelzone Tiefseeregion der Ozeane, in die kein Licht vordringt.

Dünung Normaler Wellengang.

Echolotung Vermessung der Wassertiefe mithilfe von gepulsten Schallwellen (Sonar). Auch zur Suche nach Fischschwärmen genutzt.

Einzeller Sehr einfach gebaute Organismen aus einer Zelle, meist mikroskopisch klein.

Eiweiße Komplexe organische Substanzen, dienen Lebewesen zum Aufbau und Erhalt ihrer Körperzellen und -funktionen.

Ekman-Spirale Modell über die schichtweise Ablenkung der Meerwassermassen durch Winde und Erddrehung in einem Tiefenprofil.

El Niño Vom Normalfall abweichende Winde und Meeresströme im Zentral- und Ostpazifik. Warmes Oberflächenwasser fließt aufgrund abflauender Passatwinde nach Osten, wo es vor der peruanischen Küste das nährstoffreiche Auftriebswasser unterdrückt. Die Fischerei bricht ein.

Erdmantel Mächtige Lage zwischen Erdkruste und Erdkern aus heißem, nicht ganz geschmolzenem Gestein.

Erosion Abtrag von Gestein und Boden durch Eis, Wind und Wasser.

Fossile Treibstoffe Organische Kohlenstoffverbindungen, entstanden durch Umwandlung der Reste von Lebewesen zu Kohle, Erdgas und Erdöl. Wichtigste Energieträger, die zu Kohlendioxid und Asche verbrannt werden.

Fotosynthese Prozess, bei dem grüne Pflanzen und Algen mithilfe des Sonnenlichts aus Wasser und Kohlendioxid Nährstoffe (Zucker) bilden. Sie ist der Anfang aller Nahrungsketten.

Gemäßigtes Klima Klima der mittleren Breiten, zwischen kalt-polar und tropisch-heiß.

Geysir Heiße Wasser- oder Dampfquelle aus überhitztem Grundwasser in Vulkangebieten.

Gezeitenstrom Schnell fließender Meeresstrom mit wilden und gefährlichen Wirbeln.

Gezeitenunterschied Höhendifferenz zwischen Ebbe und Flut.

Gletscher Eismasse, die langsam abwärts fließt und Täler ausschürfen kann.

Globales Förderband Verbundenes System von Meeresströmen, das Meerwassermassen global umverteilt.

Grabenbruch Riss in der Erdkruste, an dem Gesteine auseinanderweichen.

Granit Magmatisches Festgestein mit groben Kristallen, sehr häufig auf Kontinenten.

Hot Spot Senkrecht aufsteigender Magmastrom aus dem Erdmantel, der sich durch die Kruste brennt und punktförmig als Vulkan ausbricht. Beispiel: Hawaii.

Hydrothermaler Schlot Heiße Quelle auf dem Meeresboden, meist auf mittelozeanischem Rücken; *siehe auch* Schwarzer Raucher.

Inselbogen Bogenförmige Inselkette, markiert die konvergente Plattengrenze zwischen zwei Erdkrustenplatten. Kennzeichnend sind aktive Vulkane und Erdbeben.

Kissenlava Runde Lavagesteinsklumpen aus Basalt. Sie entstehen, wenn Lava im kalten Wasser schlagartig abkühlt und erstarrt.

Kohlendioxid Spurengas in der Erdatmosphäre, zählt zu den wichtigsten Treibhausgasen (*siehe auch* Treibhauseffekt). Dient Pflanzen und Phytoplankton zur Herstellung von Nährstoffen.

Kohlenhydrate Chemische organische Verbindungen, z. B. Zucker, aus Kohlen-, Wasser- und Sauerstoff, hergestellt von Pflanzen und einigen Mikroorganismen (Plankton). Sie dienen als energiereiche Nährstoffe.

Kondensation Übergang vom gasförmigen in den flüssigen Zustand (=kondensieren).

Kontinentalabhang Abfallender Bereich des Schelfrands zwischen der Schelfkante und dem Kontinentalfuß.

Kontinentale Kruste Mächtige Schicht aus relativ leichtem Festgestein, »schwimmt« auf dem dichteren Erdmantel.

Kontinentalfuß Sanft abfallender Übergang vom Kontinentalabhang in den Tiefseeboden.

Kontinentalschelf Der unter dem Schelf- oder Küstenmeer sich fortsetzende Rand eines Kontinents, geht an der äußeren Kante in den Kontinentalabhang über.

Konvektion Durch Hitze ausgelöste zirkulierende Bewegung von Gasen oder Flüssigkeiten.

Konvergente Plattengrenze Grenze zwischen zwei Platten der Erdkruste, an der sie aufeinanderstoßen und die schwerere unter die leichtere Platte gleitet. Dabei entstehen Erdbeben und Vulkanausbrüche.

Korallen Mit Seeanemonen verwandte Nesseltiere, die in riffbildenden Kolonien zusammenleben.

Korallenriff Von Korallen aufgebaute Kalksteinstruktur am Rand von Vulkaninseln und Felsküsten.

Krebse, Krebstiere Tiere mit hartem Chitinpanzer als Außenskelett, paarigen Beinen (oft mit Scheren) und Antennen. Beispiele: Krabben, Hummer, Garnelen.

Krill Kleine Krebse, leben in großen Schwärmen im Südpolarmeer und dienen sehr vielen Meerestieren als Nahrung, insbesondere Walen.

Lagune Flachwasserzone zwischen Korallenriff und Insel.

Langleinen Extrem lange Angelleinen mit tausenden Köderhaken.

Lava Geschmolzenes Gestein, das aus Vulkanen oder aus Gesteinsspalten ausgestoßen wird.

Lichtzone Oberste Wasserzone eines Meeres, das genügend Licht erhält, um Phytoplankton und Seegras- und Seetangwiesen Fotosynthese zu ermöglichen.

Luftdruck Druck, den das Gewicht der atmosphärischen Luft ausübt, gemessen in Hektopascal auf mittlerer Meereshöhe.

Magma Geschmolzenes Gestein in der Erdkruste, das nicht an die Oberfläche austritt.

Mangroven Tropische Baumarten, die in Gezeitenzonen wachsen, auch Wald aus solchen Bäumen.

Mantel Kurzform für Erdmantel.

Mantel-Plume Heiße Ausbuchtung im Erdmantel, geht in einen Hot Spot über.

Meeresstraße Meerenge zwischen zwei Küstenstreifen, z. B. Straße von Gibraltar.

Meeresströmung Strom aus Meerwasser, angetrieben durch Winde oder Unterschiede in Dichte, Temperatur oder Salzgehalt.

Methan Gas aus einem Kohlenstoff- und vier Wasserstoffatomen, im Erdgas und in Kohlelagern enthalten, starkes Treibhausgas.

Mikroorganismus Mikroskopisch kleines Lebewesen.

Minerale Grundbaustoffe der Gesteine, werden gelöst ins Meer geschwemmt und dienen dem Phytoplankton als Nährstoffe.

Mittelozeanische Rücken Untermeerische Vulkangebirgsketten, entlang von divergenten Plattengrenzen, an denen Krustenplatten auseinanderweichen und Lava austritt.

Molekül Verbindung von Atomen, bilden die Grundbausteine aller Gase, Flüssigkeiten und Feststoffe. Wasser besteht aus dem H_2O-Molekül, also aus zwei Atomen Wasserstoff und einem Atom Sauerstoff.

Monsun Jahreszeitliche Windsysteme mit starkem Einfluss auf das Wetter, besonders in Südasien.

Nährstoffe Substanzen zum Aufbau und Erhalt der Körperfunktionen eines lebenden Organismus.

Nahrungskette Abfolge von Organismen, die über die Ernährung miteinander in Verbindung stehen.

Nippflut Schwach ausgeprägte Flut, zweimal im Monat.

Organismus Lebewesen.

Ozeanische Kruste Die relativ dünne Kruste aus Basalt, aus der die Meeresböden aufgebaut sind. Liegt direkt auf dem oberen Mantel.

Ozeanwirbel Großräumige Wasserwirbel in den Ozeanen, drehen sich auf der Nordhalbkugel im Uhrzeigersinn, auf der Südhalbkugel anders herum.

Parasiten Organismen, die von anderen Organismen leben.

Passatwinde Tropische Windsysteme, auf der Nordhalbkugel aus Nordost, auf der Südhalbkugel aus Südost wehend.

Photophoren Leuchtorgane, die Licht erzeugen.

Phytoplankton Mikroorganismen, die an der Meeresoberfläche Fotosynthese betreiben.

Plankton Winzige Lebewesen, die im Meerwasser schweben, meist ohne aktiv zu schwimmen.

Planktonblüte Explosionsartige Vermehrung des Planktons bei überreichem Nährstoffangebot.

ROV Unbemannter Tauchroboter.

Salzmarsch Oberhalb der Gezeitenzone anschließende Vegetationszone mit speziellen Pflanzen.

Saumriff Korallenriff, das sich entlang einer Felsenküste hinzieht. Es umschließt keine Lagune.

Schmelzwasser Wasser aus abtauenden Gletschern.

Schwarzer Raucher Heiße Quelle oder hydrothermaler Schlot im Umfeld mittelozeanischer Rücken, stößt schwarzes, wolkiges, metallhaltiges Wasser aus.

Seamount Erloschener Unterwasservulkan, dessen Spitze nicht die Meeresoberfläche erreicht.

Sediment Mineral- und Gesteinsteilchen wie Sand, Schluff und Ton, die abgetragen, transportiert und abgelagert worden sind. Sie verfestigen sich mit der Zeit zu Sedimentgesteinen (z. B. Sandstein).

Seeklima Klimazone, vom benachbarten Ozean beeinflusst. Ausgeglichene Jahrestemperaturen mit milden Wintern und warmen Sommern.

SiO_2 Verbindung aus Silizium und Sauerstoff, die in Form des Minerals Quarz kristallisiert. Aus Quarzsanden gewinnt die Industrie Glas oder reines Silizium.

Sipho Eine röhrenförmige Bildung, die von Tieren (z. B. Muscheln) wie ein Schnorchel zum Atemholen an der Wasseroberfläche verwendet wird.

Sonar (Echolot) Schallwellenmessgerät zur Bestimmung von Wassertiefen oder zum Orten von Fischschwärmen und anderen Objekten im Wasser.

Springflut Stark ausgeprägte Flut, zweimal im Monat.

Sprungschicht (Thermokline) Grenzschicht zwischen warmem Oberflächenwasser und dem darunterliegenden kalten Tiefenwasser, das dichter ist.

Strandversatz Materialtransport entlang der Strandlinie durch seitlich auftreffende Wellen.

Sturmflut Anschwellen des Seegangs durch einen Sturm, kann Küstenstädte überfluten.

Subduktionszone Gebiet längs konvergenter Plattengrenzen, wo die schwerere Platte unter die leichtere gleitet und dabei in der Tiefe zerstört wird.

Superkontinent Riesige Landmasse aus mehreren miteinander verschweißten Kontinenten.

Tauchboot Unterwasserboot zum Abtauchen in der Tiefsee.

Thermohaline Zirkulation Weltweite Meerestiefenströmung aufgrund von Unterschieden in Dichte, Wärme und Salzgehalt. Sie sorgt für globalen Wassermassenaustausch und Temperaturausgleich zwischen den Polen und den Tropen.

Tiefdruckgebiet (Tief) Wettersystem niedrigen Luftdrucks. Kennzeichnend sind Wolken, Regen, Starkwinde und aufsteigende, feuchte Warmluft, in die von unten spiralförmig Luft nachströmt.

Tiefsee-Ebene Flaches Gebiet auf dem Meeresboden tiefer Ozeane unterhalb des Kontinentalschelfs in Tiefen von 4000–6000 m.

Tiefseefächer Untermeerische fächerförmige Fortsetzung eines Flussdeltas bis in die Tiefsee-Ebene. Besteht aus Sedimenten.

Tiefseerinne Tiefe Senke im Ozean vor einer konvergenten Plattengrenze. Sie liegt stets auf der Seite der abtauchenden Platte.

Transformstörung Plattengrenze zwischen zwei Krustenplatten, an der sich die beiden aneinander vorbeischieben.

Treibhauseffekt Bestimmte Gase wie Kohlendioxid, Methan und Wasserdampf halten die von der Erde zurückgestrahlte Wärmestrahlung der Sonne zurück und hindern sie daran, ins All zu entweichen.

Trübestrom Untermeerische Schlammlawine, meist am Kontinentalabhang, oft ausgelöst durch Erschütterungen.

Tsunami Äußerst zerstörische Ozeanwellen an Küsten, ausgelöst durch plötzliche Bewegung des Meeresbodens aufgrund von Erdbeben, starken Rutschungen oder Vulkanausbrüchen.

Überhitzung Erhitzung weit über den Siedepunkt (=Übergang von flüssig zu gasförmig) hinaus. Das ist nur unter erhöhtem Druck möglich.

Verdunstung Übergang von flüssig zu gasförmig.

Vorherrschender Wind Wind, der ganzjährig aus derselben Richtung weht.

Wasserdampf Gas, das aus verdunstendem Wasser entsteht.

Watt Bereich von sandig-tonigen Flachküsten, der jeden Tag von den wechselnden Gezeiten überspült wird.

Weichtiere Tiere ohne Skelett, z. B. Tintenfische. Viele tragen Gehäuse wie die meisten Schnecken und Muscheln.

Wellenlänge Strecke zwischen zwei Wellenkämmen.

Wirbellose Tiere, die kein Innenskelett und keine Wirbelsäule haben.

Zooplankton Winzige Mikroorganismen, die im Meer nahe der Oberfläche treiben oder schwimmen.

Zooxanthellen Mikroskopisch kleine Algen, die im Gewebe von Korallen leben und ihnen Nährstoffe (Zucker) zur Verfügung stellen.

Zyklone Tiefdruckgebiet, in das bodennahe Luft angesaugt wird, die dann hochsteigt. Nicht zu verwechseln mit Zyklon (Tropensturm).

REGISTER

Seitenzahlen, die **fett** gedruckt sind, verweisen auf einen Haupteintrag.

A

Abtriebszonen 49, 92
Abwasser, unbehandeltes 89
Afrika 82
Agulhas-Strom 48
Alaska 27, 91
Alaska-Beben 27
Albatros 80–81, 88
Aleuten 24
Alfred Wegener Institut 12
Algen 37, 55, 66, 87, 92
Algenteppich, roter 84
Alke 60
Alvin 14–15, 91
Amundsen, Roald 90
Anden 24
Anglerfisch 71
Antarktis 30, 38–40, 45, 48, 52, 65, 83, 86, 90–91
Antarktische Halbinsel 41
Antarktischer Tiefenstrom 52
Zirkumpolarstrom 48
antarktisches Ökosystem 56
Aquafarming **78–79**
Äquator 36, 40–42, 48
arabische Küste 50
Arktis 40, 52, 65, 86, 87
Asien-Tsunami 26–27, 91
Atlantik 9–10, 13, 20, 24, 31, 49, 53, 78, 82, 87, 90–91
Atoll 12, **66–67**, 92
Atom-U-Boot 15
Auftriebszonen 49, 61, 69, 93
Austern 75
Australien 51, 83

B

Bahamas 77
Bakterien 54, 72–73, 92
Bangladesch 86, 91
Barriereriff 67, 90, 92
Bartwürmer 73
Basalt 18, 92
Basaltlava 20–23
Bathyskaph 14
Beaufort, Francis 90
Beifang **80–81**, 92
Benguela-Strom 48–49
Blauer Marlin 69
Blauwal 57, 81
Bögen (Fels) 28
Brasil-Strom 49
Brecher 45
Brise 44
Brüllende Vierziger 41
Buckelwal 50, 68

C

Canyons, untermeerische 16, 30
Cenotes 33
Chemosynthese 72–73, 92
Chikyu 13
Chile 78
China 79
Chlorophyll 54, 92
Coccolithophoriden 32, 55, 92
Comra 15
Containerschiffe 82
Cook, James 11–12, 90
Copacabana 29
Coriolis-Effekt 40, 90

D

Dämmerzone 70, 93
Dänemark 76
Darßer Ort 29
Darwin, Charles 11–12, 90
Deep Flight 15
Delfine 57, 59, 68, 80–81, 88
Delta 29, 85, 92
Diamanten 74–75
Diatomeen 31, 55–56
Dinoflagellaten 55–56
divergente Plattengrenze 19, 92
DNS 9, 92
Dornenkronenseestern 67
Dünung 44, 93

E

Ebbe 62, 63
Echolot 13, 17, 92
Eisbär 65, 86
Eisberge 11, 30, 39
Eisbrecher 38
Eisbrei 38
Eiskanäle 64
Eisschollen, treibende 38
Ekman, Vagn W. 48
Ekman-Spirale 48–49, 92
El Niño 50–51, 91–92
Endeavour 90
Endurance 38, 90
Energieproduktion 76–77
Entdecker **10–11**
Erdbeben 19, 25–26
Erdgas, -öl **74**, 82, 86
Erdkern 18–19, 34
Erdkruste 18–19, 26, 33
Erdmantel 18–20, 24, 92
Erosion 28, 92
Exxon Valdez 91

F

Fabrikschiffe 78
Falkland-Strom 49
Fangquoten 61, 80, 88
Fangzähne 71
Felsbögen 28
Felsküsten 63
Ferrel-Zelle 40
Feuerland 12
Filtrierer 57, 58
Fischbestände 51, 80, 88
Fischerei 51, 61, **78–79**, 80, 81, 88, 89, 91
Fischschwärme 56, 60, 61, 67–69, 78–81
Fishfinder 79
FitzRoy, Robert 11
Fjorde 32
Flachmeere **16–17, 60–61**
Flechten 62
Fliegende Fische 69
Florida 77
Flut **46–47**, 62–63, 77, 79
Foraminiferen 56
fossile Treibstoffe 86, 89, 92
Fossilien 31, 32
Fotosynthese 54, 92
Frachtschiffe 77, 82
Frankreich 9
Fregattvögel 67, 69
Frühwarnsystem 27
Fundy Bay 47

G

Galápagos 23
Garnelen 59, 60, 67, 71, 79
Garnelenteiche 78–79
Gefrierschutzmittel, natürliches 65
gemäßigte Breiten 42
genetische Merkmale 80
Gerätetauchen 83, 90, 93
Gewitterwolken 43
Gewürzinseln 10
Gezeiten **46–47**, 62–63, 76–77, 86
Gezeitenberg 46
Gezeitenkraftwerk 77, 91
Gezeitenströme 46–47, 92
Gezeitentümpel 79
Gezeitenunterschied 92
Gezeitenzone 62–63, 92
Gezeitenzyklus 46
Gift 85
Gletscher 23, 30, 32, 33, 37, 39, 53, 86, 87, 92
Gletscherschmelze 86
Gletschertäler 32
Global Explorer 15
globales Förderband 53, 92
Golf von Mexiko 85, 90–91
Golfstrom 48–49, 53, 77, 87, 90–91
Granatbarsch 80
Granit 18, 92
Grönland 64, 86
Guyot, Henry 23
Guyots 23

H

Hadley-Zelle 40, 90
Häfen 82
Haie 57, 59, 69, 81
Harrison, John 11, 90
Hawaii 22, 27, 45
He, Zheng 10, 90
Heezen, Bruce 17, 91
Heißwasserquellen 72
Hering 56
HMS *Beagle* 11–12, 90
HMS *Challenger* 12
HMS *Erebus* 11
HMS *Terror* 11
Höhlen 83
Hot Spots **22–23**, 91, 92
Humboldt-Strom 48
Hurrikane 13, **42–43**, 87
hydrothermale Quellen, Schlote 21, **72–73**, 75, 92

I

Indischer Ozean 9–10, 16, 23, 26–27, 50, 53, 82–83, 90–91
Indonesien 27, 51, 85
Inselbögen 24, 92
Island 23
Isolierhülle 8

J K

Japan-Graben 24–25
kabbelige See 44
Kabeljau 60, 81
Kalifornien-Strom 48–49
Kalkrotalgen 66
Kalkschlamm, biogener 30–32, 92
Kalkstein 31–33, 55, 66
Kalksteinplateau 33
Kalmen 41
Kanada 64, 91
Kapverden 31
Karibik 36, 83
Karte des Ozeanbodens 17, 20, 91
Kelpwälder 55, 61
Kiesstrände 28
Kilauea 22
Kissenlava 21, 92
Kläranlage 89
Kliffe 28, 32, 44
Klimaerwärmung, -wandel 65, **86–89**, 91–92
Kobalt 75
Kohle 76
Kohlendioxid, Klima 86
Kolumbus, Christoph 10, 90
Kometen 35
Kontinentalabhang 30, 92
Kontinentaldrift 19
Kontinentalrand 24
Kontinentalschelf 16, 18, 28, 30, 33, 60–61, 74, 92
Kontinente 18–19, 30
konvergente Plattengrenze 19, 92
Korallenbleiche 87
Korallenriffe 12, 23, 33, **66–67**, 85, 91–92
Kormorane 60
Krabben 59–60, 67
Krabbenfresserrobbe 56
Krabbenlarven 56
Krakatau 90
Kräuselwellen 44
Krebse, Krebstiere 56, 59, 71, 92
Kreide(kalk) 31
Kreidezeit 32
Kreuzfahrtschiffe 83
Krill 50, 56, 57, 64, 92
Krokodile 63
Krustendehnung 20
Kuroshio-Strom 48–49
Küstenerosion **28–29**
Küstengewässer 61
Küstenlinie 20, 29, 33
Küstenverbauung 84
Küstenzerstörung 85
Kuwait 74

L

Lachszucht 79
Lagunen 66–67, 92
Landhebung 32, 33
Langleinen 78, 88, 92
Lava 21, 22, 25, 92
Leuchtorgane 70, 71
Lichtzone 37, 55, 60, 68, 70, 93
Luftbewegungen, -strömungen 40, 41
Luftdruck 37, 42, 92
Luftmassen 42

M

Magellan, Ferdinand 10, 90
Magma 20, 24, 93
Magnetometer 91
Malediven 23, 83
Manganknollen 75
Mangroven 63, 85, 93
Mantarochen 68
Mantel-Plume 22, 93
Marianengraben 24
Marlin 57
Mauna Loa 22
Meerechsen 23
Meereis 38, 39
Meeresboden 12, 16–17, 20–21, 23–26, 31–32, 49–50, 52, 59, 68, 73–75, 91
Bildung 18, 19
Meeresbodensedimente 30–31, 54, 91
Meeresschildkröten 54, 55, 63, 67, 80, 84, 92
Meeresschnecken 59
Meeresspiegel 8, 32–33, 86
Meeresstraße 93
Meeresströme 13, 36, 54, 69, 77, 86–87, 91
versiegende 87
Meeresverschmutzung 89
Meersalz 74
Meerwasser-Entsalzungsanlage 74
Methan 73, 75, 86–87
Methanhydrat 73, 75, 87
Mississippi-Delta 85
Mittelatlantischer Rücken 20–21, 23, 90–91
mittelozeanische Rücken 13, 16, **20–21**, 72, 75, 91–93
Monsterwellen 45
Monsun 50–51, 93
Monsunstrom 50
Muscheln 56, 58, 60, 62, 73
grabende 63

N

Nacktkiemer 59, 67
Naher Osten 74
Nahrungsketten 49, 50, 51, 53, **56–57**, 72, 84, 92
Napfschnecken 62
Nares-Straße 64
Natriumchlorid *siehe* Meersalz
Neufundland 88

Neufundlandbank 81
Neuguinea 51
Neumond 46
New Orleans 43
Nippflut 46, 62, 93
Nordamerika 61, 91
Nordatlantik 42, 48, 91
Nordatlantikwirbel 48, 49
Nordatlantischer Tiefenstrom 52
Nordpazifikwirbel 48
Nordpolarmeer 9, 11, 20, 38–39, 41, 48, 52, 64–65, 90
Nordsee 81

O

Oberflächenströmungen 48–53
Oberflächenwirbel 53
Ökosystem 54, 56, 66, 67, 84, 86, 88
Ökotourismus 89
Oktopus 59
Ölverschmutzung 84, 91
Oparin, Alexander 90
Osterinsel 23
Ostpazifischer Rücken 21, 91
Ozeanbecken 16, 18, 34
Ozeanboden
  siehe Meeresboden
Ozeane, als Energiequelle 76–77
  Atmosphäre 40–41
  Ausbeutung 9
  außerirdische 8
  Chemismus 35
  Dichte 52
  Druck 14–15, 37, 43, 59
  Eisbedeckung 38–39
  Eisbildung 38
  Forschung siehe Ozeanografie
  gelöste Minerale 54
  Handel und Tourismus 82–83
  Kohlendioxid 86, 87
  Kontinente 18–19
  Lebensräume 9
  Lebensraumzerstörung 84–85
  marines Leben 38–39, 49–51, 54–68, 70–71, 80–81, 84, 86–88
  Meerwasser 34–37, 52–53
  Mineralvorkommen 74–75
  Nährstoffe 54–55, 68–69
  natürliche Ressourcen 9
  Oberflächenformen 16–17
  Unterwasserwelt 58–59
  Wärmeverteilung 36–37
  Wasserverteilung 48–49
ozeanische Kruste 18, 20, 22, 24, 93
Ozeanografie 12–13, 91
Ozeanwirbel 48

P

Packeis 38, 52, 64–65
Panama-Kanal 82, 90
Pangäa 19, 90
Panthalassa 19
Passatwinde 41, 51, 93
Pazifik 9–10, 14, 16, 22, 25, 45, 49, 50–51, 53, 55, 78, 82, 90–91
Pazifischer Feuerring 25
Pelikanaal 15, 70
Peridotit 18
Perlen 75
Persischer Golf 74
Peru 51, 78
Peru-Chile-Graben 24
Pfannkucheneis 38
Pfeiler 28
Pfeilwürmer 57
Pflanzenschutzmittel 84
Photophoren 70, 93
Phytoplankton 54–57, 60, 66, 70, 93
Piccard, Jacques 14
Pinatubo 31
Pinguine 56–57, 64–65
Pioniere 10–11
Plankton 36–37, 49, 64, 68–69, 79, 84, 93
Planktonblüte 54, 68, 93
Planktonverteilung 13
Planktonwolken 56
Plastikabfall 84
Plattfisch 60
polare Ostwinde 41
Polareis 52–53
Polargebiete 53
Polarmeere 9, 38–39, 52–53, 61, 64–65, 86
Polarwinter 38–39
Polarzelle 40
Polynesier 10, 90
Polynjas 64
Pompejiwurm 72
Pottwal 59

Q R

Quallen 56, 58
Radiolarien 56
Randströmungen 49
Regen 40, 42–43
Riesenmuscheln 67
Riff 93
Riffhai 67
Riffzonen 66
Ringwadennetze 78, 80
Rippenquallen 56
Robben 60, 64–65, 80
Röhrenaale 58
Ronne-Schelfeis 52
Ross, James C. 11, 90
Ross-Meer 52, 90
Ross-Schelfeis 39, 90
Rotes Meer 83, 90
ROV 15, 93
Ruderfußkrebse 56, 70

S

Salpen 56
Saltstraumen (Gezeitenstrom) 47
Salz 35
Salzmarsch 63, 93
Sandbänke 28
Sandstein 31
Sansibar (Ostafrika) 79
Sardellen 56
Sargasso-See 49
Satellitenbilder 13, 31, 42–43, 49, 55, 60, 64, 68, 79
Sattelrobben 65
Saudi-Arabien 74
Schanghai 86
Schiffsrouten 82–83
Schleimaal (Inger) 71
Schmelzwasser 33, 86, 93
Schockwellen 26
Schutz der Meere 88–89
Schutzzonen, marine 88
Schwarmfische 57, 68
Schwarzer Raucher 72, 92
Schwebstaub 31
Schwefelwasserstoff 72
Schwermetalle 84
Schwertfisch 57
Schwertwal 57
Scripps-Institut 12, 91
Seamounts 13, 22–23, 69, 93
Sedimentgesteine 30–32, 93
Seeanemonen 58, 60, 62, 66
Seebeben 20
Seefahrer 10–11
Seegras 55, 66, 85
Seegraswiesen 63
Seegurken 71
Seeigel 59, 60–61, 67
Seeklima 41, 93
Seekrabben 73
Seeleopard 57
Seeotter 60, 61
Seepferdchen 63
Seepocken 58, 62
Seesterne 59, 60, 67
Seetang 55, 62
Seetangfarmen 79
Seevögel 51, 56, 60–61, 64, 80–81
Seitenlinienorgan 59
Shackleton, Ernest 38, 90
Shinkai 6500 15
Sipho 59, 93
Skandinavien 32
SOFAR 37
Somali-Strom 50
Sonar 13, 17, 21, 23, 79, 80, 90–93
Sonarbild 21
Spanien 54
Springflut 46, 62, 93
Sprungschicht 36, 93
St. Malo 77
Strand-/Küstenvegetation 63
Strände 28–29, 63
Strandhaken 29
Strandleben 83
Strandversatz 29, 92
Strandzonen 62–63
Stratosphäre 40

Strudel 47
Sturmflut 28, 43, 86
Subduktionszone 24–26, 93
Subtropen 40
Südamerika 51, 82
Südäquatorial-Strom 51
Südpolarmeer 9, 11, 20, 45, 52, 57, 64, 78, 90–91
Südwestafrika 75
Suez-Kanal 82, 90
Sumatra 27
Sunda-Bogen 24
Sunda-Graben 26
Superkontinent 19, 93

T

Tahiti 83
Taifun 42
Tambora 31
Tauchanzüge, druckfeste 37
Tauchboote 14–15, 91, 93
Taucher 14–15
Tauchglocke 14
Teufelsfratzen 71
Tharp, Marie 17, 91
thermohaline Zirkulation 52, 93
Thermokline siehe Sprungschicht
Tiefdruckgebiet 42, 93
Tiefenströmungen 52–53
Tiefenwasser 68, 69
Tiefsee 70–71
Tiefseebeilfisch 70
Tiefseebohrung 13
Tiefsee-Ebenen 12, 16, 30–31, 92
Tiefseefächer 30, 93
Tiefseeforschung 14–15
Tiefseekrabben 73
Tiefseeräuber 71
Tiefseerinnen 16, 24, 93
Tigergarnele 79
Timorsee 10
Tintenfisch 70
Titan 75
Titanic 14, 90
Todeszone 85, 91
Tornado 43
Tourismus 82–83
Transformstörung 19, 93
Treibhauseffekt 86, 87, 93
Treibhausgase 86, 87
Trieste 91
Tropen 33, 36, 42, 48–49, 53, 68, 93
tropische Küsten 85
  Meere 9, 32, 36, 40–41, 50, 51, 55, 66–68
  Winde 40
Trübestrom 30, 93
Tsunami 19, 24, 26–27, 79, 93
Thunfisch 57, 78, 81

U

Überfischung 80–81, 84, 89
überhitztes Wasser 20, 21, 23, 93
Umweltverschmutzung 84–87, 89
USS Nautilus 91

V

Verdunstung 40
Vollmond 46
Vorstrand 62
Vulkanausbruch, katastrophaler 25
Vulkanberge, untermeerische siehe Seamounts
Vulkaninseln 12, 22–23
  absinkende 22–23
Vulkanketten 22

W

Wale 56, 64
Walfang 81
Walhai 57, 68
Walross 64
Walsh, D. 14
Wasserdampf 34, 40, 43, 93
Wasserhose 43
Wasserkreislauf 34–35
Watt 28–29, 63, 93
Watvögel 63
Weddellmeer 38, 41, 52, 90–91
Weddellrobbe 65
Wegener, Alfred 90
Weichtiere 56, 58, 93
Weißer Hai 15, 83
Wellen 26, 28–29, 44–45
Wellenbrechung 44–45
Wellenenergie 28, 44–45, 76
Wellenentstehung 44
Weltbevölkerung 80
Weltumsegelung, erste 10
westafrikanische Küste 60
Westwinde 41–42, 48
Wettersysteme 13, 40
Whale Watching 83
Wikinger 10, 90
Wildlachs 79
Wilkes, Charles 11
Winde 44–45, 48–53, 76–77
  jahreszeitliche 50–51
  vorherrschende 40–42, 93
Windenergie 76
Windkrafträder 76
Windparks 76
Wirbel 47, 48, 92
Wirbellose 93
Wirbelstürme 42–43, 92
Wolken 40, 42–43
Woods Hole Ozeanografisches Institut 12, 14, 91
Würmer 60, 63

Y Z

Yukatán 33
Zellen, zirkulierende 40
Zentralgraben 20
Zersiedelung 89
Zooplankton 56, 70, 93
Zooxanthellen 66–67, 73, 87, 93
Zyklone 93

DANK UND BILDNACHWEIS

Der Dorling Kindersley Verlag übernimmt keinerlei Verantwortung für die Verfügbarkeit und den Inhalt von Internetseiten – mit Ausnahme seiner eigenen – und für die Verbreitung von anstößigen, aggressiven, gefährlichen oder falschen Inhalten über das Internet. Der Dorling Kindersley Verlag übernimmt weiterhin keine Haftung für Schäden, die durch Viren verursacht wurden, die von Internetseiten stammen, die der Verlag empfohlen hat. Für die Clip-Arts zum Herunterladen von der Internetseite des Buches besitzt Dorling Kindersley Ltd. das alleinige Copyright und deren Reproduktion oder Weiterverbreitung in jeglicher Form für öffentliche oder kommerzielle Zwecke ohne vorherige schriftliche Genehmigung des Rechteinhabers ist nicht gestattet.

Bildnachweis
Der Verlag dankt den folgenden Personen und Institutionen für die freundliche Genehmigung zum Abdruck ihrer Fotos:

Abkürzungen:
(o = oben, u = unten, m = Mitte, l = links, r = rechts, go = ganz oben)

1 DK Images: David Peart. 7 Marie Tharp: Marie Tharp 1977/2003; reproduziert mit frdl. Genehm. von Marie Tharp Oceanographic Cartographer, One Washington Ave., South Nyack, New York 10960 (gor). 8 NASA/JPL-Caltech:(ul). NASA: JPL (ml). Science Photo Library: (gol). 9 Corbis: Bruce DeBoer (ur). DK Images: David Peart (m). 10 Ancient Art & Architecture Collection: (ul). The Bridgeman Art Library: Villa Farnese, Caprarola, Lazio Italien (ur). DK Images: Statens Historiska Museum, Stockholm (go). 11 National Maritime Museum (ur, gol, go). 12 The Bridgeman Art Library: Down House, Kent (gol). DK Images: Natural History Museum, London (ml). Miriam Sayago Gil, Spanisches Institut für Ozeanographie (Malaga): (ul). 12-13 Japan Agency for Marine-Earth Science and Technology (JAMSTEC): IODP (m). 13 Science Photo Library: Dr. Ken MacDonald (gor); Planetary Visions Ltd. (ur). 14 Corbis: Ralph White (ul). Mary Evans Picture Library: (gom). Woods Hole Oceanographic Institution: WHOIalvinrecoverysd (ml). 15 Getty Images: Paul Nicklen/National Geographic (mr). 16 Science Photo Library W. Haxby, Lamont-Doherty Earth Observatory (mro, gor); SPL (ur); US Geological Survey (mr). 17 Marie Tharp: Heezen & Tharp are perusing a film transparency of their diagram, photo by Robert Brunke, 1968. Marie Tharp 1977/2003; reproduziert mit frdl. Genehm. von Marie Tharp Oceanographic Cartographer, One Washington Ave., South Nyack, New York 10960 (gol). World Ocean Floor Panorama by Bruce C. Heezen & Marie Tharp, 1977. Marie Tharp 1977/2003; reproduziert mit frdl. Genehm. von Marie Tharp Oceanographic Cartographer, One Washington Ave., South Nyack, New York 10960 (gol). 18 DK Images: Natural History Museum, London (ur). 18-19 DK Images: Satellite Imagemap Copyright © 1996-2003 Planetary Visions (m/Profilschnitt). 20 Science Photo Library: Dr. Steve Gull & Dr. John Fielden (ur). Marie Tharp: World Ocean Floor Panorama by Bruce C. Heezen & Marie Tharp, 1977. Marie Tharp 1977/2003; reproduziert mit frdl. Genehm. von Marie Tharp Oceanographic Cartographer, One Washington Ave., South Nyack, New York 10960 (ul). 21 Science Photo Library: Dr. Ken MacDonald (ml); B. Murton/Southampton Oceanography Centre (gor); OAR/National Undersea Research Program (gol). 22 Getty Images: AFP (ul). NASA: Jacques Descloitres, MODIS Rapid Response Team (mr). 23 DK Images: Rowan Greenwood (gor); Katy Williamson (gol). Photoshot/NHPA: Martin Harvey (gom). Science Photo Library: Dr. Ken MacDonald (mr); Alexis Rosenfeld (u). 24 DK Images: Sean Hunter (ur). NASA: Jacques Descloitres, MODIS Rapid Response Team (u). Science Photo Library: US Geological Survey (gol). 25 Corbis: Michael S. Yamashita (gol). Getty Images: AFP (u). Science Photo Library: Planetary Visions Ltd. (gor). 26 Science Photo Library: Ken M. Johns (l). 27 Brian M. Guzzetti from the far corners photography: (ul). NOAA: (ur). PA Photos: Gemunu Amarasinghe/AP (go). 28 Alamy Images: George & Monserrate Schwarz (gol). Science Photo Library: John Heseltine (um). 29 Corbis: Larry Dale Gordon/zefa (gol); Jason Hawkes (gom); Jim Sugar (gor). Panos Pictures: Jeremy Horner (u). 30-31 Alamy Images: James Symington (u). 31 NASA: Jacques Descloitres, MODIS Rapid Response Team (go). Science Photo Library: Jan Hinsch (m); Dirk Wiersma (ur). 32 Science Photo Library: Steve Gschmeissner (gor); Sinclair Stammers (ml). 33 Alamy Images: A Room with Views (mr). DK Images: CONACULTA-INAH-MEX (go). 34 Alamy Images: Blickwinkel (gor). DK Images: Katy Williamson (ml/Gletscherseee). 35 NASA: (gol). Photoshot/NHPA: Linda Pitkin (gor). Robert Harding Picture Library: Richard Ainsworth (ur). 36 NASA: (u); MODIS Instrument Team, NASA, GSFC (m). 37 Corbis: Amos Nachoum (um). Still Pictures: Kelvin Aitken (r). 38 Bryan and Cherry Alexander Photography: (mlu). NOAA: Michael van Woert, NOAA NESDIS, Ora (ml). Mit frdl. Genehm. von Don Perovich: (ul). popperfoto.com (mr). 38-39 Bryan and Cherry Alexander Photography. 39 Getty Images: Photographer's Choice/Siegfried Layda (ur). 41 Alamy Images: Michael Diggin (u); David Tipling (ml). DK Images: Rough Guides (gol). FLPA: Frans Lanting/Minden (m). Kos Picture Source: Bob Grieser (gor). 42 Getty Images: Arnulf Husmo (ul). 42-43 NASA: Jeff Schmaltz, NASA, GSFC. 43 Science Photo Library: J.B. Golden (gol). 44 Alamy Images: David Gregs (mlu). OSF: (gol). 45 Corbis: Bryn Colton/Assignments Photographers (ul). Getty Images: Taxi/Helena Vallis (go). Miriam Sayago Gil, Spanisches Institut für Ozeanographie (Malaga): (mr). 46 Alamy Images: Bert de Ruiter (m). 47 Alamy Images: Bill Brooks (gol). Still Pictures: Markus Dlouny (ur). 48 Science Photo Library: NASA (gol). 49 NASA: Mit frdl. Genehm. von SeaWIFS Project, NASA, GSFC & ORBIMAGE (ul). 50 Splashdowndirect.com: (u). 51 FLPA: Chris Newbert/Minden Pictures (ul). Science Photo Library: RB Husar/NASA (gol). 52 Corbis: Galen Rowell (l). 53 Corbis: Paul Sounders (r). Science Photo Library: Chris Sattlberger (ml). 54 Corbis: Clouds Hill Imaging Ltd. (gol); Lawson Wood (m). Science Photo Library: NASA (ur). 55 Corbis: Ralph A. Clevenger (gor); Douglas P. Wilson; Frak Lane Picture Agency (gom). Science Photo Library: Steve Gschmeissner (gom/Phytoplankton). 56 Corbis: Hinrich Baesemann/dpa (ur); Visuals Unlimited (gol). 57 Ardea: Ron & Valerie Taylor (gol). Corbis: Amos Nachoum (gor); Denis Scott (ml). 58 Corbis: Rick Price (mlu); Jeffrey L. Rotman (mru). DK Images: David Peart (ur). 59 Corbis: Jeffrey L. Rotman (mro); Jeffrey L. Rotman (ur); Denis Scott (m). FLPA: Norbert Wu/Minden Pictures (mr). 60 OSF: (go). Science Photo Library: Dr. Gene Feldman, NASA GSFC (mr). 61 Alamy Images: Alaska Stock LLC (ml). DK Images: Rough Guides (gol). 62 OSF: Roger Jackman (ur); Sue Scott: (ul). 63 Corbis: Roger Tidman (ml). DK Images: Natural History Museum, London (gmlu); David Peart (gmru); Rough Guides (mru). FLPA: David Hosking (gor). 64 Corbis: Staffan Widstrand (u). FLPA: Flip Nicklin/Minden Pictures (ur). Science Photo Library: Dr. Gene Feldman, NASA GSFC (mr). 65 Corbis: Dan Guravich (m); Rick Price (gol). DK Images: Toronto Zoo (ur). FLPA: Norbert Wu/Minden Pictures (gor). 66 DK Images: David Peart (gol). 67 Alamy Images: Image State (gol). Corbis: Bruno Levy/zefa (ul). FLPA: Norbert Wu/Minden Pictures (ur). Getty Images: Photographer's Choice/Peter Pinnock (gor). Science Photo Library: Rudiger Lehnen (mro). 68 Alamy Images: Image State (u). Corbis: Owen Franken (gor). Science Photo Library: Dr. Gene Feldman, NASA GSFC (ml). 69 Alamy Images: Michael Patrick O'Neill (m); Stephen Frink Collection (gol). OSF: (ul).70 Corbis: Jeffrey L. Rotman (mr). 71 Image Quest 3-D: Peter Batson (ul); Peter Herring (ur, gol, gor). 72 Corbis: Ralph White (l, mr). DeepSeaPhotography.Com: Peter Batson (ur). 73 Monika Bright, Universität Wien, Österreich: (gor). DeepSeaPhotography.Com: Peter Batson (tl). NOAA: Ocean Explorer (ul). Science Photo Library: T. Stephens & P. McKinley, Pacific Northwest Laboratory (ur). 74 Corbis: Yann Arthus-Bertrand (ur). 75 Corbis: Ralph White (ul). DK Images: Natural History Museum, London ml). FLPA: Norbert Wu/Minden Pictures (go). 76 Alamy Images: Dalgleish Images (gol). Ecoscene: Sue Anderson (mr); Jim Winkley (u). 77 Marine Current Turbines Ltd. (gol). Copyright SkySails: (ul). Still Pictures: Godard (r). 78 Corbis: Natalie Forbes (ul, ur). 79 Corbis: Michael S. Lewis (ur); Chaiwat Suprasom/Reuters (gol). Still Pictures: Larbi (gor); Jim Wark (mr). 80 DeepSeaPhotography.Com: Kim Westerkov (ur). Ecoscene: Quentin Bates (l). 81 Ardea: Valerie Taylor (ul). DK Images: David Peart (gor). Ecoscene: Tom Ennis (ur). OSF: (gom). 82 Corbis: Dean Conger (m). Still Pictures: Glueckstadt (gor); Hartmut Schwarzbach (ur). 83 Alamy Images: FAN Travelstock (m). DK Images: Angus Beare (gor). 84 Alamy Images: Arco Images (ur). Corbis: Joe Haresh/epa (ml). Science Photo Library: Bill Backman (l). Still Pictures: BIOS Crocetta Tony (mr); Robert Book (m). 85 Ecoscene: John Liddiard (ul); Sally Morgan (ur). NASA: (go). 86 Getty Images: Hans Strand (ul). NASA: Finley Holidays Films (gor). 87 Alamy Images: Michael Foyle (ur). DK Images: David Peart (mro). NASA: MODIS, GSFC (gol). Science Photo Library: Matthew Oldfield, Scubazoo (m). 88 Corbis: Niall Benvie (ml). Save the Albatross Campaign: Photo by Jim Enticott (u). 88-89 DK Images: David Peart (m). 89 Alamy Images: Craig Steven Trasher (gor). Still Pictures: Fred Bruemmer (ul). 90-91 Alamy Images: Comstock Images (Seitenränder). 92-93 Alamy Images: Comstock Images (Seitenränder).

Cover:
Vorn: Corbis: © StockPhotos (m), Stephen Frink (ur); Stuart Westmorland (ugl); Getty Images: Science Faction/Stuart Westmorland (ul); Taxi/Peter David (ugr).

Alle anderen Abbildungen © Dorling Kindersley

Weitere Informationen unter: www.dkimages.com

Wissen mit Links!

Die Sachbuchreihe:

Band 1: Raumfahrt

Band 2: Dinosaurier

Band 3: Die Erde

Alles, was Kinder wissen müssen und wissen möchten – spannend präsentiert, mit tollen Bildern und ausgewählten Links zu jedem Buch. Da machen sogar Schularbeiten Spaß!

Band 6: Steine und Mineralien

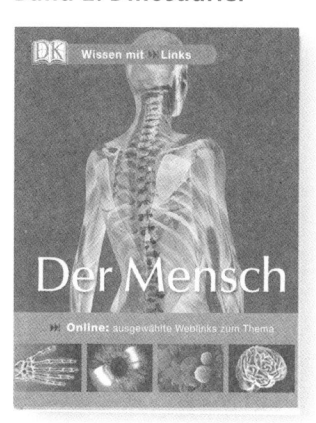

Band 5: Der Mensch

Band 11: Altes Rom

Band 4: Insekten
Band 7: Pflanzen
Band 8: Säugetiere
Band 9: Altes Griechenland
Band 10: Wetter
Band 12: Ozeane
Band 13: Frühe Kulturen

Jeweils 96 Seiten, gebunden, über 400 Farbfotografien und Zeichnungen. Ab 10 Jahren

Die Lexika:

Schülerlexikon

Naturwissenschaften
Das Schülerlexikon

Tiere
Das Schülerlexikon

448 Seiten, gebunden, über 1700 Farbfotografien, Zeichnungen und Karten
Ab 10 Jahren

384 Seiten, gebunden, über 1500 Farbfotografien, Zeichnungen, 3-D-Modelle und Karten
Ab 10 Jahren

320 Seiten, gebunden, über 1250 Farbfotografien und Zeichnungen
Ab 10 Jahren

Ideale Schülerhilfe – zur optimalen Vorbereitung von Referaten!

www.dorlingkindersleyverlag.de

www.wissenmitlinks.de